고려대 한국어

고려대학교 한국어센터 편

3B

KOREA
UNIVERSITY
PRESS
고려대학교
출판문화원

고려대학교 한국어센터는 1986년 설립된 이래 한국어와 한국 문화를 재미있게 배우고 효과적으로 가르치는 방법을 연구해 왔습니다. 《고려대 한국어》와 《고려대 재미있는 한국어》는 한국어센터에서 내놓는 세 번째 교재로 그동안 쌓아 온 연구 및 교수 학습의 성과를 바탕으로 하고 있습니다.

이 책의 가장 큰 특징은 한국어를 처음 접하는 학습자도 쉽게 배워서 바로 사용할 수 있도록 구성했다는 점입니다. 한국어 환경에서 자주 쓰이는 항목을 최우선하여 선정하고 이 항목을 학습자가 교실 밖에서 사용할 수 있도록 연습 기회를 충분히 그리고 다양하게 제공하고 있습니다.

이 책을 내기까지 많은 분들의 도움을 받았습니다. 먼저 지금까지 고려대학교 한국어센터에서 한국어를 공부한 학습자들께 감사드립니다. 쉽고 재미있는 한국어 교수 학습에 대한 학습자들의 다양한 요구가 없었다면 이 책은 나오지 못했을 것입니다. 그리고 한국어 학습자들의 요구에 부응하기 위해 열정적으로 교육과 연구에 헌신하고 계신 고려대학교 한국어센터의 선생님들께도 감사드립니다.

무엇보다 한국어 학습자와 한국어 교원의 요구 그리고 한국어 교수 학습 환경을 종합적으로 고려한 최상의 한국어 교재를 위해 밤낮으로 고민하고 집필에 매진하신 저자분들께 깊은 감사를 드립니다. 이 밖에도 이 책이 보다 멋진 모습을 갖출 수 있도록 도와주신 고려대학교 출판문화원의 윤인진 원장님과 직원 여러분께도 감사드립니다. 그리고 집필진과 출판문화원의 요구를 수용하여 이 교재에 맵시를 입히고 멋을 더해 주신 랭기지플러스의 편집 및 디자인 전문가, 삽화가의 노고에도 깊은 경의를 표합니다.

부디 이 책이 쉽고 재미있게 한국어를 배우고자 하는 한국어 학습자와 효과적으로 한국어를 가르치고자 하는 한국어 교원 모두에게 도움이 되기를 바랍니다. 또한 앞으로 한국어 교육의 내용과 방향을 선도하는 역할도 아울러 할 수 있게 되기를 희망합니다.

2020년 8월

국제어학원장 김 정 숙

이 책의 특징

《고려대 한국어》와 《고려대 재미있는 한국어》는 '형태를 고려한 과제 중심 접근 방법'에 따라 개발된 교재입니다. 《고려대 한국어》는 언어 항목, 언어 기능, 문화 등이 통합된 교재이고, 《고려대 재미있는 한국어》는 말하기, 듣기, 읽기, 쓰기로 분리된 기능 교재입니다.

《고려대 한국어》 3A와 3B가 100시간 분량, 《고려대 재미있는 한국어》 말하기, 듣기, 읽기, 쓰기가 100시간 분량의 교육 내용을 담고 있습니다. 200시간의 정규 교육 과정에서는 여섯 권의 책을 모두 사용하고, 100시간 정도의 단기 교육 과정이나 해외 대학 등의 한국어 강의에서는 강의의 목적이나 학습자의 요구에 맞는 교재를 선택하여 사용할 수 있습니다.

<고려대 한국어>의 특징

▶ **한국어 사용 환경에 놓이지 않은 학습자도 쉽게 배울 수 있습니다.**
- 한국어 표준 교육 과정에 맞춰 성취 수준을 낮췄습니다. 핵심 표현을 정확하고 유창하게 사용하는 것이 목표입니다.
- 말하기, 듣기, 읽기, 쓰기 과제의 범위를 제한하여 과도한 입력의 부담 없이 주제와 의사소통 기능에 충실할 수 있습니다.
- 알기 쉽게 제시하고 충분히 연습하는 단계를 마련하여 학습한 내용의 이해에 그치지 않고 바로 사용할 수 있습니다.

▶ **학습자의 동기를 이끄는 즐겁고 재미있는 교재입니다.**
- 한국어 학습자가 가장 많이 접하고 흥미로워하는 주제와 의사소통 기능을 다룹니다.
- 한국어 학습자의 특성과 요구를 반영하여 명확한 제시와 다양한 연습 방법을 마련했습니다.
- 한국인의 언어생활, 언어 사용 환경의 변화를 발 빠르게 반영했습니다.
- 친근하고 생동감 있는 삽화와 입체적이고 감각적인 디자인으로 학습의 재미를 더합니다.

▶ **한국어 학습에 최적화된 교수 학습 과정을 구현합니다.**

- 학습자가 자주 접하는 의사소통 과제를 선정했습니다. 과제 수행에 필요한 언어 항목을 학습한 후 과제 활동을 하도록 구성했습니다.
- 언어 항목으로 어휘, 문법과 함께 담화 표현을 새로 추가했습니다. 담화 표현은 고정적이고 정형화된 의사소통 표현을 말합니다. 덩어리로 제시하여 바로 사용하게 했습니다.
- 도입 – 제시 · 설명 – 형태적 연습 활동 – 유의적 연습 활동의 단계로 절차화했습니다.
- 획일적이고 일관된 방식을 탈피하여 언어 항목의 중요도와 난이도에 맞춰 제시하는 절차와 분량에 차이를 두었습니다.
- 발음과 문화 항목은 특정 단원의 의사소통 과제와 긴밀하게 연결되지는 않으나 해당 등급에서 반드시 다루어야 할 항목을 선정하여 단원 후반부에 배치했습니다.

＜고려대 한국어＞의 구성

▶ 3A와 3B는 각각 5단원으로 한 단원은 10시간 정도가 소요됩니다.

▶ 한 단원의 구성은 아래와 같습니다.

도입	배워요	한 번 더 연습해요	이제 해 봐요	자기 평가
생각해 봐요 학습 목표	어휘　문법　담화 표현		말해요　들어요　읽어요　써요	발음/문화

▶ 교재의 앞부분에는 '이 책의 특징'과 '단원 구성 표'를 배치했고, 교재의 뒷부분에는 '정답'과 '듣기 지문', '어휘 찾아보기', '문법 찾아보기'를 부록으로 넣었습니다.

- 부록의 어휘는 단원별 어휘 모음과 모든 어휘를 가나다순으로 정렬한 두 가지 방식으로 제시했습니다.
- 부록의 문법은 문법의 의미와 화용적 특징, 형태 정보를 정리했고 문법의 쓰임을 확인할 수 있는 전형적인 예문을 넣었습니다. 학습자의 모어 번역도 들어가 있습니다.

▶ 모든 듣기는 MP3 파일 형태로 내려받아 들을 수 있습니다.

＜고려대 한국어 3B＞의 목표

내게 특별한 사람, 일상의 변화, 당황스러운 일, 생활비 관리 등 개인적, 사회적 주제에 대해 이해하고 단락 단위로 표현할 수 있습니다. 생활용품 구입 등을 통해 사회적 관계를 맺거나 사회적 맥락에서의 의사소통 기능을 수행할 수 있습니다. 구어와 문어의 차이를 알고 맥락에 따라 표현할 수 있습니다.

이 책의 특징

등장인물이 나오는 장면을 보면서 단원의 주제, 의사소통 기능 등을 확인합니다.

단원의 제목

어휘의 도입

• 목표 어휘가 사용되는 의사소통 상황입니다.

어휘의 제시

• 어휘 목록입니다. 맥락 속에서 어휘를 배웁니다.

• 그림, 어휘 사용 예문을 보며 어휘의 의미와 쓰임을 확인합니다.

생각해 봐요

• 등장인물이 나누는 간단한 대화를 듣고 단원의 주제 및 의사소통 목표를 생각해 봅니다.

학습 목표

• 단원을 학습한 후에 수행할 수 있는 의사소통 목표입니다.

새 단어

• 어휘장으로 묶이지 않은 개별 단어입니다.
• 문맥을 통해 새 단어의 의미를 확인합니다.

어휘의 연습 1

• 배운 어휘를 사용해 볼 수 있는 말하기 연습입니다.
• 연습의 방식은 그림, 사진, 문장 등으로 다양합니다.

어휘의 연습 2

• 유의미한 의사소통 상황에서 배운 어휘를 사용하는 말하기 연습입니다.

이 책의 특징

문법의 도입

• 목표 문법이 사용되는 의사소통 상황입니다.

문법의 제시

• 목표 문법의 의미와 쓰임을 여러 예문을 통해 확인합니다.
• 목표 문법을 사용하기 위해 알아야 하는
기본 정보입니다.

랭기지 팁

• 알아 두면 유용한 표현입니다.
• 표현이 사용되는 상황과 예문을 보여 줍니다.

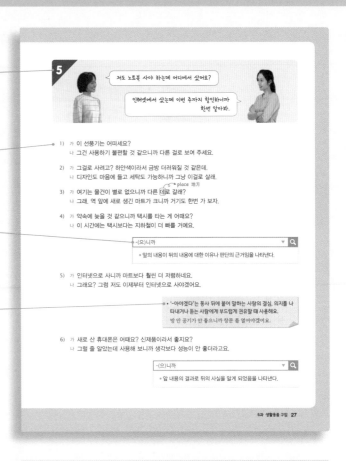

담화 표현의 제시

• 고정적이고 정형화된 의사소통 표현입니다.

담화 표현 연습

• 담화 표현을 덩어리째 익혀 대화하는 말하기 연습입니다.

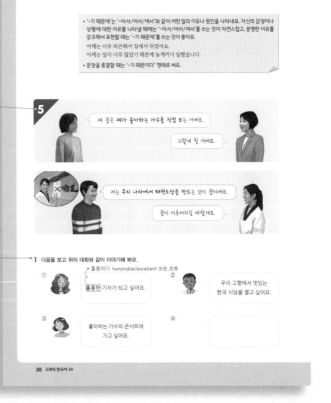

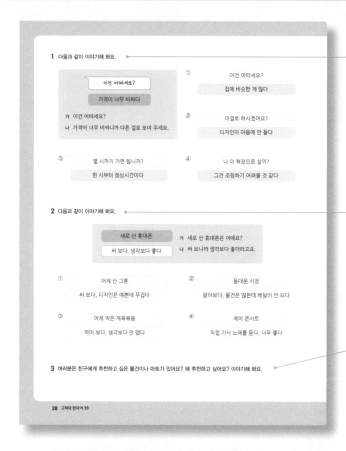

문법의 연습 1

- 배운 문법을 사용해 볼 수 있는 말하기 연습입니다.
- 연습의 방식은 그림, 사진, 문장 등으로 다양합니다.

문법의 연습 2

- 문법의 중요도와 난이도에 따라 연습 활동의 수와 분량에 차이가 있습니다.

문법의 연습 3

- 유의미한 의사소통 상황에서 배운 문법을 사용하는 말하기 연습입니다.

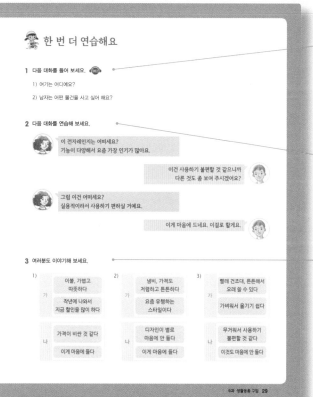

대화 듣기

- 의사소통 목표가 되는 자연스럽고 유의미한 대화를 듣고 대화의 목적, 대화의 내용을 파악합니다.

대화 연습하기

- 대화 연습을 통해 대화의 구성 방식을 익힙니다.

대화 구성 연습

- 학습자 스스로 대화를 구성하여 말해 보는 연습입니다.
- 어휘만 교체하는 단순 반복 연습이 되지 않도록 구성했습니다.

이 책의 특징

듣기 활동

- 단원의 주제와 기능이 구현된 의사소통 듣기 활동입니다.
- 중심 내용 파악과 세부 내용 파악 등 목적에 따라 두세 번 반복하여 듣습니다.

읽기 활동

- 단원의 주제와 기능이 구현된 의사소통 읽기 활동입니다.
- 중심 내용 파악과 세부 내용 파악 등 목적에 따라 두세 번 반복하여 읽습니다.

쓰기 활동

- 단원의 주제와 기능이 구현된 의사소통 쓰기 활동입니다.
- 쓰기 전에 써야 할 내용이나 방식에 대해 생각해 본 후 쓰기를 합니다.

 이제 해 봐요

들어요
1 다음은 노트북 구입에 대한 대화입니다. 잘 듣고 질문에 답해 보세요.

1) 두 사람이 노트북을 살 때 중요하게 생각하는 것은 무엇이에요?

| 남자 | | 여자 | |

2) 들은 내용과 같은 것을 고르세요.
① 여자는 노트북을 주로 집에서 사용할 것입니다.
② 남자의 노트북은 성능은 좋지만 조금 무겁습니다.
③ 남자가 전에 사용한 노트북은 저렴한 것이었습니다.

읽어요
1 다음은 물건 선택 이유에 대해 쓴 글입니다. 잘 읽고 질문에 답해 보세요.

 한국에 처음 유학 와서 제가 가장 많이 한 일은 공부가 아니라 쇼핑이었어요. 저는 유학 생활에 필요한 물건이 이렇게 많을 줄 몰랐어요. 처음에는 물건을 살 때 디자인을 제일 중요하게 생각했어요. 혼자 사는 방에 어울리는 물건을 사고 싶어서 여기저기에 가 봤어요. 하루 종일 가게를 다녀도 마음에 드는 물건이 없어서 그냥 집으로 돌아올 때도 많았어요. 이렇게 쇼핑만 하면 한국어를 공부할 시간도 없을 것 같았어요. 그래서 물건을 사는 이유를 다시 한번 생각해 봤어요. 디자인보다는 물건의 성능을 보기로 했어요. 그 후로 물건의 성능만 좋으면 디자인이 조금 마음에 안 들어도 바로 샀어요. 고장도 안 나고 오래 쓸 수 있어서 만족해요. 그리고 한국을 즐길 시간도 많아졌어요.

써요
1 물건을 살 때 중요하게 생각하는 것에 대해 써 보세요.

1) 말하기에서 이야기한 내용을 바탕으로 글을 쓸 거예요. 필요한 내용을 선택해서 글의 구조를 생각해 보세요.

2) 생각한 내용을 바탕으로 글을 쓰세요.

1) 이 사람이 물건을 살 때 중요하게 생각하는 것은 무엇이었어요?

2) 지금은 물건을 살 때 무엇을 중요하게 생각해요?

말하기 활동

- 단원의 주제와 기능이 구현된 의사소통 말하기 활동입니다.
- 말하기 전에 말할 내용이나 방식에 대해 생각해 본 후 말하기를 합니다.

🔊 **1** 물건을 산 경험과 물건을 살 때 중요하게 생각하는 것은 무엇인지 이야기해 보세요.

말해요

1) 한국에 와서 제일 먼저 산 물건과 가장 최근에 산 물건은 무엇이에요? 그 물건을 선택한 이유는 무엇이에요?

2) 물건을 사기 전의 생각과 실제 물건을 사서 사용해 본 후의 생각은 같아요, 달라요?

3) 여러분이 물건을 살 때 중요하게 생각하는 것은 무엇이에요? 아래에 메모하세요.

노트북, 핸드폰 같은 전자 제품을 살 때는?	
쓰레기통, 옷걸이, 빨래 건조대 같은 생활용품을 살 때는?	
물건의 종류에 따라서 물건을 선택하는 기준이 같아요, 달라요?	

4) 다른 친구들이 물건을 살 때 중요하게 생각하는 것이 나하고 같은지 다른지 확인하세요.

문화 ## 한국어로 어떻게 말해요?

발음 활동/문화 활동

- 중급에서 익혀야 할 발음 항목과 한국의 생활 문화를 이해할 수 있는 문화 항목입니다. 항목에 대한 이해를 바탕으로 유의미한 맥락에서 사용해 봅니다.
- 단원마다 발음 또는 문화 항목이 제시됩니다.

● 다음 생활용품의 이름을 알고 있습니까? 한국어로는 어떻게 말할까요?

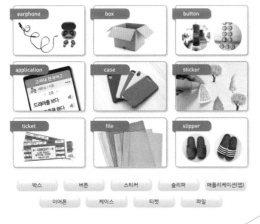

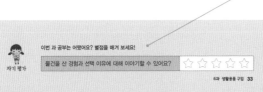

박스 버튼 스티커 슬리퍼 애플리케이션(앱)
이어폰 케이스 티켓 파일

● 여러분의 나라에서는 이런 물건을 어떻게 부릅니까?

자기 평가

- 단원 앞부분에 제시되었던 학습 목표 달성 여부를 학습자 스스로 점검합니다.

자기 평가

이번 과 공부는 어땠어요? 별점을 매겨 보세요!

물건을 산 경험과 선택 이유에 대해 이야기할 수 있어요? ☆ ☆ ☆ ☆ ☆

단원 구성 표

단원	단원 제목	학습 목표	의사소통 활동
6 과	생활용품 구입	물건을 산 경험과 선택 이유에 대해 이야기할 수 있다.	• 생활용품 구입에 대한 대화 듣기 • 생활용품 구입 경험에 대한 글 읽기 • 물건을 살 때 중요하게 생각하는 것에 대해 이야기하기 • 물건을 살 때 중요하게 생각하는 것에 대한 글쓰기
7 과	내게 특별한 사람	내게 특별한 사람에 대해 이야기할 수 있다.	• 내게 특별한 사람에 대한 대화 듣기 • 내게 특별한 사람에 대한 글 읽기 • 내게 특별한 사람에 대해 이야기하기 • 내게 특별한 사람에 대한 글쓰기
8 과	일상의 변화	일상의 변화를 발견하고 그 느낌을 이야기할 수 있다.	• 일상의 변화에 대한 대화 듣기 • 일상의 변화에 대해 말하기 • 일상의 변화에 대한 글 읽기 • 일상의 변화에 대한 글쓰기
9 과	당황스러운 일	당황스러운 경험에 대해 이야기할 수 있다.	• 당황스러운 경험에 대한 대화 듣기 • 당황스러운 경험에 대한 글 읽기 • 당황스러운 경험에 대해 이야기하기 • 당황스러운 경험 쓰기
10 과	생활비 관리	생활비 관리나 소비 습관에 대해 이야기할 수 있다.	• 소비 습관에 대한 대화 듣기 • 생활비 관리에 대한 글 읽기 • 생활비 관리와 소비 습관에 대해 이야기하기 • 생활비 관리와 소비 습관에 대한 글쓰기

어휘 · 문법 · 담화 표현		발음/문화
• 생활용품 • 제품의 특징	• -(으)ㄹ 줄 알다/모르다 • -더라고요 • -(으)니까	한국어로 어떻게 말해요?
• 인간관계 • 만남과 헤어짐 • 좋아하는 사람의 특징	• -(으)ㄴ 적이 있다/없다 • -다 보니까 • -대요	한국어의 억양
• 외적 변화 • 변화의 느낌	• -던 • -아/어/여 보이다 • -아/어/여 있다	유행하는 이모티콘
• 당황스러운 일 • 고장	• -다가 • -나 보다/(으)ㄴ가 보다 • -(으)ㄹ 뻔하다	소리 내어 읽기 2
• 수입과 지출 • 생활비 항목 • 소비 습관	• -느라고 • 한국어의 문어(-다)	할인 카드와 쿠폰

차례

6과 **생활용품 구입**

7과 **내게 특별한 사람**

8과 **일상의 변화**

부록

왕 웨이

나라 중국
나이 19세
직업 학생
(고려대학교 한국어센터)
취미 피아노

웅우옌 티 두엔

나라 베트남
나이 19세
직업 학생
(고려대학교 한국어센터)
취미 드라마

바트 엥흐바야르

나라 몽골
나이 21세
직업 학생
(고려대학교 한국어센터)
취미 운동

모리야마 나쓰미

나라 일본
나이 35세
직업 학생/약사
취미 그림

다니엘 클라인

나라 독일
나이 29세
직업 회사원/학생
취미 여행

줄리 로랑

나라 프랑스
나이 23세
직업 학생
(고려대학교 한국어센터)
취미 인터넷 방송

무함마드 알 감디

나라 이집트
나이 32세
직업 요리사/학생
취미 태권도

김지아

나라 한국
나이 22세
직업 학생
　　　(고려대학교 경제학과)
취미 영화

서하준

나라 한국
나이 22세
직업 학생
　　　(고려대학교 국어국문학과)
취미 농구

최슬기

나라 한국
나이 22세
직업 학생
　　　(고려대학교 건축학과)
취미 여행, 운동

정세진

나라 한국
나이 33세
직업 한국어 선생님
취미 요가

강용재

나라 한국
나이 31세
직업 회사원
취미 캠핑

6

생활용품 구입

💡 생각해 봐요

1 이 사람은 어떤 제품을 살 거예요?

2 여러분은 물건을 살 때 무엇을 중요하게 생각해요?

🚲 학습 목표

물건을 산 경험과 선택 이유에 대해 이야기할 수 있다.

● 생활용품, 제품의 특징

● -을 줄 알다/모르다, -더라고요, -으니까

배워요

1

뭐 찾으시는 거 있으세요?

헤어드라이어를 좀 보려고 하는데요.

생활용품

냉장고	세탁기	에어컨	선풍기	청소기
전기스탠드	(헤어)드라이어	전자레인지		전기 주전자
이불, 베개	슬리퍼	쓰레기통	옷걸이	빨래 건조대
프라이팬	냄비	접시	그릇	텀블러	숟가락, 젓가락

1 지금 여러분의 집에는 무엇이 있고 무엇이 없어요? 한국에 올 때 가지고 온 물건은 무엇이고 한국에서 산 물건은 무엇이에요?

2

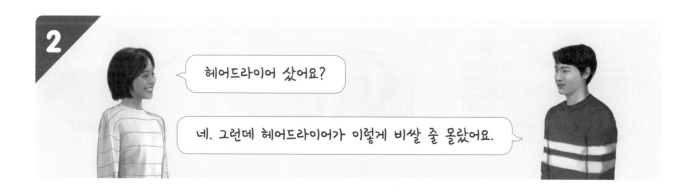

헤어드라이어 샀어요?

네. 그런데 헤어드라이어가 이렇게 비쌀 줄 몰랐어요.

1) 가 냄비도 사고 프라이팬도 샀는데 아직도 살 게 더 있어요?

　　나 그러게요. 혼자 살 때 필요한 게 이렇게 많은 줄 몰랐어요.
　　　　　　　　　　→ 필요하다 essential 需要

2) 가 저 꽃가게 문 닫은 줄 알았는데 아니네요.

　　나 그래요? 잘됐네요. 저기가 꽃 종류가 다양해서 자주 갔거든요.
　　　　　　　　　　→ type 种类

3) 가 책 안 샀어요?

　　나 네. 제가 사야 되는 줄 몰랐어요. 저는 학교에서 주는 줄 알았어요.

4) 가 빌궁 씨는 한국말을 정말 잘하지요?

　　나 네. 저는 처음에 빌궁 씨가 한국 사람인 줄 알았어요.

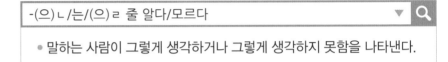

-(으)ㄴ/는/(으)ㄹ 줄 알다/모르다　　　▽　🔍

• 말하는 사람이 그렇게 생각하거나 그렇게 생각하지 못함을 나타낸다.

5) 가 외국어 할 줄 알아요?

　　나 한국어는 조금 할 줄 아는데 다른 나라 말은 할 줄 몰라요.

-(으)ㄹ 줄 알다/모르다　　　▽　🔍

• 능력이 있거나 없음을 나타낸다.

1 다음과 같이 이야기해 봐요.

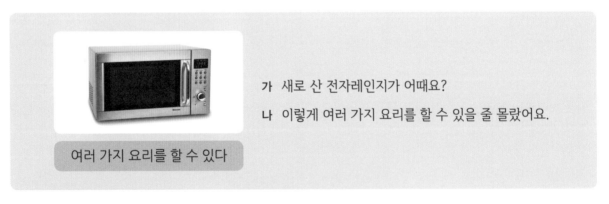

가 새로 산 전자레인지가 어때요?

나 이렇게 여러 가지 요리를 할 수 있을 줄 몰랐어요.

여러 가지 요리를 할 수 있다

①

따뜻하다

②

쉽게 고장나다

③

크고 무겁다

④

소리가 크다

⑤

안에 음식이 많이 들어가다

⑥

편하게 쓰다

2 다음과 같이 이야기해 봐요.

노트북, 가볍다

가 노트북이 가벼워요?

나 가벼울 줄 알았는데 무거워요.

① 에어컨, 크다

② 원룸, 세탁기가 있다

③ 이거, 맵다

④ 시험, 합격했다

⑤ 마이클 씨, 왔다

3 한국에 오기 전에 여러분이 생각한 것과 같은 점은 무엇이에요? 여러분이 생각한 것과 다른 점은 무엇이에요?

3

노트북을 사고 싶은데 어떤 게 좋아요?

이게 가볍고 성능이 좋아요.

성능이 좋다

튼튼하다/오래 쓸 수 있다

세탁이 가능하다

기능이 다양하다

조립하기 쉽다

유행하는 스타일이다

고장이 잘 안 나다

옮기기 쉽다

에이에스(AS)가 잘되다

배달이 되다

사용하기/쓰기 편하다

실용적이다

저렴하다

디자인이 예쁘다

가볍다

가지고 다니기 좋다

할인을 하다

배송이 빠르다

1) 가 소파 새로 산 거예요? 색도 좋고 예쁘네요.

　　나 그렇죠? 게다가 이거 진짜 실용적이에요. 침대로도 쓸 수 있거든요.

2) 가 이 이불, 집에서 세탁기로 빨아도 되는 거예요?

　　나 네. 세탁 가능한데 찬물로 하셔야 돼요.

　　　　↳ cold water 冷水

3) 가 이 스탠드는 어떠세요? 기능이 다양해서 요즘 인기예요. → popularity 畅销

    나 디자인이 별로 마음에 안 드는데. 이거 말고 저걸 좀 보여 주세요.

> • '말고'는 명사의 뒤에서 '아니고'의 의미를 나타내요.
>
> 가 커피 드릴까요?
>
> 나 커피 말고 주스로 주세요.

1 다음과 같이 이야기해 봐요.

가 스탠드를 하나 사려고 하는데요.

나 이게 좋아요. 고장이 잘 안 나거든요.

①

②

③

④

2 다음 물건을 살 때 중요하게 생각하는 것을 이야기해 봐요.

가전제품

생활용품   가구

가 물건을 살 때 중요하게 생각하는 게 뭐예요?

나 가전제품은 에이에스가 잘돼야 돼요.

4

나쓰미 씨, 노트북 샀어요?

아니요. 아직 못 샀어요.
마음에 드는 게 없더라고요.

1) 가 접시를 왜 이렇게 많이 샀어?

   나 할인을 많이 해서 가격이 아주 저렴하더라고.

2) 가 이 인터넷 쇼핑몰 괜찮아요?

   나 네. 주문하기도 편하고 반품도 잘되더라고요.
   └▶ return, refund 退货

3) 가 요즘은 텀블러를 잘 안 쓰네요.

   나 네. 처음 살 때는 자주 쓸 줄 알았는데 잘 안 쓰게 되더라고요.

4) 가 맞다. 이번 주 뒤풀이 장소 알아봐야 하는데.

   나 그거 은지가 벌써 알아보고 예약했더라고. 걔가 부지런하잖아.

-더라고요 ▼ 🔍
• 과거의 어느 때에 자신이 직접 보거나 느낀 것을 그때의 느낌을 살려서 상대에게 전달하는 것처럼 말할 때 사용한다.

1 다음과 같이 이야기해 봐요.

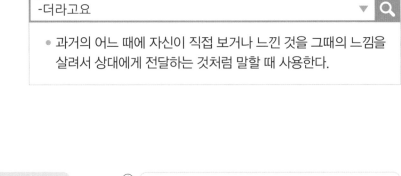

집 앞에 있는 마트

커서 물건 종류도 많다

가 집 앞에 있는 마트는 어때요?

나 커서 물건 종류도 많더라고요.

① 지금 쓰는 노트북

가벼워서 가지고 다니기 좋다

② 의자 만드는 것

만들기 어려울 줄 알았는데 쉽다

③ 저 옷

유행하는 스타일이라서 사람들이 많이 입다

④ 저 식당

맛은 괜찮은데 가격이 좀 비싸다

2 여러분이 직접 봐서 알게 된 것 그리고 느낀 것에 대해 친구하고 이야기해 봐요.

집 근처 마트의 물건이나 손님

한국 친구, 한국 음식

저도 노트북 사야 하는데 어디에서 샀어요?

인터넷에서 샀는데 이번 주까지 할인하니까 한번 알아봐.

1) 가 이 선풍기는 어떠세요?
   나 그건 사용하기 불편할 것 같으니까 다른 걸로 보여 주세요.

2) 가 그걸로 사려고? 하얀색이라서 금방 더러워질 것 같은데.
   나 디자인도 마음에 들고 세탁도 가능하니까 그냥 이걸로 살래.

3) 가 여기는 물건이 별로 없으니까 다른 데로 갈래?   place 地方
   나 그래. 역 앞에 새로 생긴 마트가 크니까 거기도 한번 가 보자.

4) 가 약속에 늦을 것 같으니까 택시를 타는 게 어때요?
   나 이 시간에는 택시보다는 지하철이 더 빠를 거예요.

-(으)니까   ▼ 🔍
• 앞의 내용이 뒤의 내용에 대한 이유나 판단의 근거임을 나타낸다.

5) 가 인터넷으로 사니까 마트보다 훨씬 더 저렴하네요.
   나 그래요? 그럼 저도 이제부터 인터넷으로 사야겠어요.

• '-아야겠다'는 동사 뒤에 붙어 말하는 사람의 결심, 의지를 나타내거나 듣는 사람에게 부드럽게 권유할 때 사용해요.
방 안 공기가 안 좋으니까 창문 좀 열어야겠어요.

6) 가 새로 산 휴대폰은 어때요? 신제품이라서 좋지요?
   나 그럴 줄 알았는데 사용해 보니까 생각보다 성능이 안 좋더라고요.

-(으)니까   ▼ 🔍
• 앞 내용의 결과로 뒤의 사실을 알게 되었음을 나타낸다.

1 다음과 같이 이야기해 봐요.

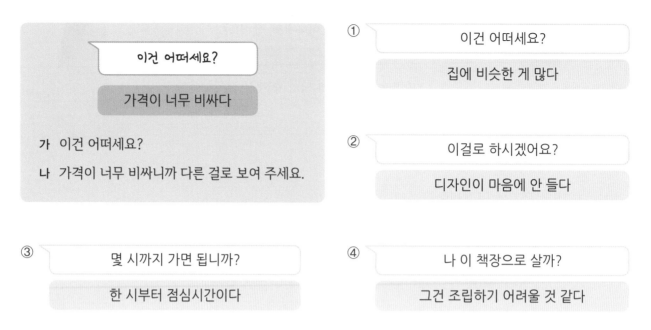

가 이건 어떠세요?
나 가격이 너무 비싸니까 다른 걸로 보여 주세요.

이건 어떠세요?
가격이 너무 비싸다

① 이건 어떠세요?
집에 비슷한 게 많다

② 이걸로 하시겠어요?
디자인이 마음에 안 들다

③ 몇 시까지 가면 됩니까?
한 시부터 점심시간이다

④ 나 이 책장으로 살까?
그건 조립하기 어려울 것 같다

2 다음과 같이 이야기해 봐요.

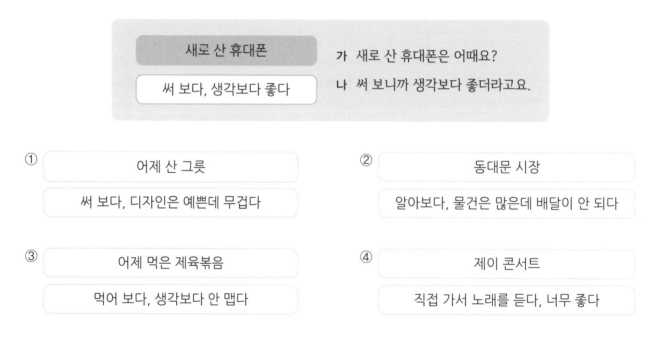

새로 산 휴대폰
써 보다, 생각보다 좋다

가 새로 산 휴대폰은 어때요?
나 써 보니까 생각보다 좋더라고요.

① 어제 산 그릇
써 보다, 디자인은 예쁜데 무겁다

② 동대문 시장
알아보다, 물건은 많은데 배달이 안 되다

③ 어제 먹은 제육볶음
먹어 보다, 생각보다 안 맵다

④ 제이 콘서트
직접 가서 노래를 듣다, 너무 좋다

3 여러분은 친구에게 추천하고 싶은 물건이나 마트가 있어요? 왜 추천하고 싶어요? 이야기해 봐요.

한 번 더 연습해요

1 다음 대화를 들어 보세요.

1) 여기는 어디예요?

2) 남자는 어떤 물건을 사고 싶어 해요?

2 다음 대화를 연습해 보세요.

 이 전자레인지는 어떠세요?
기능이 다양해서 요즘 가장 인기가 많아요.

이건 사용하기 불편할 것 같으니까
다른 것도 좀 보여 주시겠어요?

 그럼 이건 어떠세요?
실용적이라서 사용하기 편하실 거예요.

이게 마음에 드네요. 이걸로 할게요.

3 여러분도 이야기해 보세요.

1)

가
| 이불, 가볍고 따뜻하다 |
| 작년에 나와서 지금 할인을 많이 하다 |

나
| 가격이 비싼 것 같다 |
| 이게 마음에 들다 |

2)

가
| 냄비, 가격도 저렴하고 튼튼하다 |
| 요즘 유행하는 스타일이다 |

나
| 디자인이 별로 마음에 안 들다 |
| 이게 마음에 들다 |

3)

가
| 빨래 건조대, 튼튼해서 오래 쓸 수 있다 |
| 가벼워서 옮기기 쉽다 |

나
| 무거워서 사용하기 불편할 것 같다 |
| 이것도 마음에 안 들다 |

이제 해 봐요

들어요

1 다음은 노트북 구입에 대한 대화입니다. 잘 듣고 질문에 답해 보세요.

1) 두 사람이 노트북을 살 때 중요하게 생각하는 것은 무엇이에요?

남자		여자	

2) 들은 내용과 같은 것을 고르세요.

① 여자는 노트북을 주로 집에서 사용할 것입니다.

② 남자의 노트북은 성능은 좋지만 조금 무겁습니다.

③ 남자가 전에 사용한 노트북은 저렴한 것이었습니다.

읽어요

1 다음은 물건 선택 이유에 대해 쓴 글입니다. 잘 읽고 질문에 답해 보세요.

한국에 처음 유학 와서 제가 가장 많이 한 일은 공부가 아니라 쇼핑이었어요. 저는 유학 생활에 필요한 물건이 이렇게 많을 줄 몰랐어요. 처음에는 물건을 살 때 디자인을 제일 중요하게 생각했어요. 혼자 사는 방에 어울리는 물건을 사고 싶어서 여기저기에 가 봤어요. 하루 종일 가게를 다녀도 마음에 드는 물건이 없어서 그냥 집으로 돌아올 때도 많았어요. 이렇게 쇼핑만 하면 한국어를 공부할 시간도 없을 것 같았어요. 그래서 물건을 사는 이유를 다시 한번 생각해 봤어요. 디자인보다는 물건의 성능을 보기로 했어요. 그 후로 물건의 성능만 좋으면 디자인이 조금 마음에 안 들어도 바로 샀어요. 고장도 안 나고 오래 쓸 수 있어서 만족해요. 그리고 한국을 즐길 시간도 많아졌어요.

1) 이 사람이 물건을 살 때 중요하게 생각하는 것은 무엇이었어요?

2) 지금은 물건을 살 때 무엇을 중요하게 생각해요?

말해요

1 물건을 산 경험과 물건을 살 때 중요하게 생각하는 것은 무엇인지 이야기해 보세요.

1) 한국에 와서 제일 먼저 산 물건과 가장 최근에 산 물건은 무엇이에요? 그 물건을 선택한 이유는 무엇이에요?

2) 물건을 사기 전의 생각과 실제 물건을 사서 사용해 본 후의 생각은 같아요, 달라요?

3) 여러분이 물건을 살 때 중요하게 생각하는 것은 무엇이에요? 아래에 메모하세요.

노트북, 핸드폰 같은 전자 제품을 살 때는?	
쓰레기통, 옷걸이, 빨래 건조대 같은 생활용품을 살 때는?	
물건의 종류에 따라서 물건을 선택하는 기준이 같아요, 달라요?	

4) 다른 친구들이 물건을 살 때 중요하게 생각하는 것이 나하고 같은지 다른지 확인하세요.

1 물건을 살 때 중요하게 생각하는 것에 대해 써 보세요.

써요

1) 말하기에서 이야기한 내용을 바탕으로 글을 쓸 거예요. 필요한 내용을 선택해서 글의 구조를 생각해 보세요.

2) 생각한 내용을 바탕으로 글을 쓰세요.

한국어로 어떻게 말해요?

● 다음 생활용품의 이름을 알고 있습니까? 한국어로는 어떻게 말할까요?

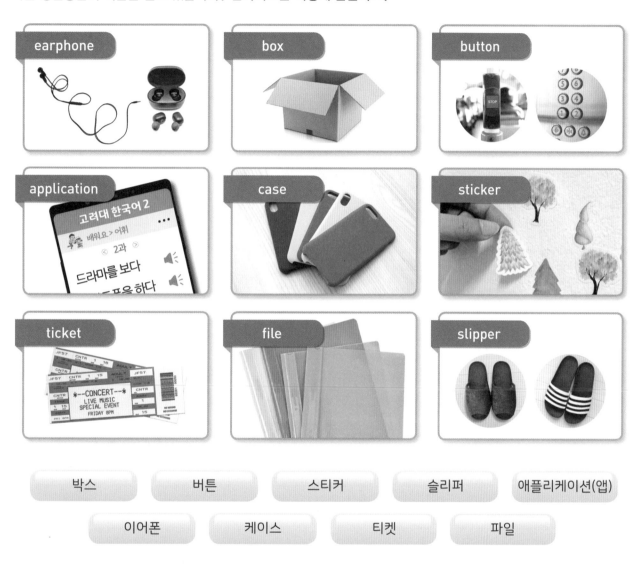

earphone   box   button

application   case   sticker

ticket   file   slipper

박스   버튼   스티커   슬리퍼   애플리케이션(앱)

이어폰   케이스   티켓   파일

● 여러분의 나라에서는 이런 물건을 어떻게 부릅니까?

자기 평가

이번 과 공부는 어땠어요? 별점을 매겨 보세요!

물건을 산 경험과 선택 이유에 대해 이야기할 수 있어요?   ☆ ☆ ☆ ☆ ☆

7

내게 특별한 사람

💡 생각해 봐요   🎧 071

1 두 사람은 누구에 대해 이야기하고 있어요?

2 여러분도 좋아하는 사람이 있어요? 어떤 사람이에요?

   학습 목표

내게 특별한 사람에 대해 이야기할 수 있다.

● 인간관계, 만남과 헤어짐, 좋아하는 사람의 특징

● -은 적이 있다/없다, -다 보니까, -대요

배워요

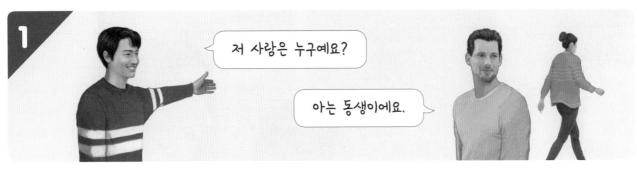

인간관계 1 ▽ 🔍

| 친한/아는 | 선배 | 후배 | 형 | 누나 | 오빠 | 언니 | 동생 |

사귀는 사람/   초등학교 동창   그냥   내가   모르는 사람
만나는 사람   아는 *사람*   좋아하는 *배우*

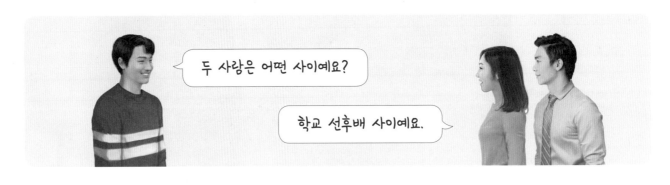

인간관계 2 ▽ 🔍

친구 사이   *동아리* 선후배 사이   사귀는 사이   결혼할 사이   형제/자매   *고등학교* 동창

1) 가 조금 전에 그 사람 누구예요?
   나 모르는 사람이에요. 길을 물어봐서 알려 준 거예요.

2) 가 둘이 어떤 사이예요?
   나 우리요? 아무 사이 아니에요. 그냥 친구예요.

1 다음과 같이 이야기해 봐요.

> 그냥 아는 오빠
>
> 가 이 사람은 누구예요?
> 나 그냥 아는 오빠예요.

① 요즘 만나는 사람

② 내가 좋아하는 가수

③ 대학교 동창

④ 저랑 제일 친한 친구

⑤ 모르는 사람

⑥ 동아리에서 만난 후배

2

두 사람은 어떻게 알게 됐어요?

동아리에서 만났어요.

만남과 헤어짐 ▼ 🔍

친구 소개로

소개팅으로

SNS로   만나다

동아리에서

우연히

친해지다

늘 붙어 다니다

첫눈에 반하다

사랑에 빠지다

짝사랑을 하다

사귀게 되다

싸우다

헤어지다

차이다

연락이 끊기다

자연스럽게 멀어지다

완전히 끝나다

1) 가 두 사람은 어떻게 사귀게 되었어요?
   나 첫눈에 반해서 제가 먼저 [고백했어요].
      ↳ 고백하다 confess 告白, 表白

2) 가 그 사람하고는 잘되고 있어?
   나 아니, 한번 크게 싸운 후로 자연스럽게 멀어졌어.

3) 가 동아리 사람들하고 많이 친해졌어요?
   나 아직 한 번밖에 안 만나서 잘 모르겠어요.

> • '밖에'는 명사에 붙어 그것이 유일함을 나타내요.
> '밖에' 뒤에는 '안', '못', '없다', '모르다'와 같은
> 표현이 주로 와요.
> 지금 만 원밖에 없어요.

1 다음과 같이 이야기해 봐요.

친구 소개로 만났다	✕

가 그 사람하고 친구 소개로 만났어?
나 아니. 우연히 만났어.

① 학교에서 만났다 ✕

② 잘 지내고 있다 ◌

③ 지금도 잘 만나다 ✕

④ 좀 친해졌다 ◌

⑤ 정말 헤어졌다 ◌

⑥ 연락하고 지내다 ✕

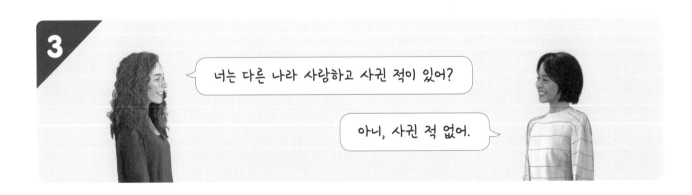

3

너는 다른 나라 사람하고 사귄 적이 있어?

아니, 사귄 적 없어.

1) 가 너는 남자 친구하고 싸운 적 있어?

　　나 그럼, 당연하지, 거의 매일 싸워.

　　　　↳ 당연하다 of course 当然, 理应

2) 가 SNS로 사람을 만나서 사귄 적 있어?

　　나 만난 적은 많은데 아직 사귀어 본 적은 없어.

3) 가 용재 씨는 인기가 많아서 짝사랑은 안 해 봤을 것 같아요.

　　나 아니에요. 저도 짝사랑해 본 적 많아요.

-(으)ㄴ 적(이) 있다/없다 ▼ 🔍
• 경험이 있거나 없음을 나타낸다.

1 다음과 같이 이야기해 봐요.

첫눈에 반하다　♡

　가 첫눈에 반한 적이 있어요?
　나 네, 첫눈에 반한 적이 있어요.

① SNS로 친구를 만나다　♡

② 먼저 고백하다　♡

　　↳ celebrity 艺人
③ 연예인을 좋아하다　✕

④ 사귀는 사람한테 차이다　♡

⑤ 헤어진 후에 다시 사귀다　✕

⑥ 친한 친구하고 싸우다　✕

2 다음 경험에 대해 친구하고 이야기해 봐요.

우연히 만나서 친해지다　　　연예인을 직접 보다　　　짝사랑을 하다

고백을 하다/받다　　　?

그 사람 어디가 마음에 들어?

나한테 잘해 줘서 좋아.

● 사람을 사귈 때 무엇을 중요하게 생각해요? 다섯 가지만 고른 후 친구하고 이야기해 봐요.

좋아하는 사람의 특징　▼　🔍

☐ 이야기가 잘 통하다	☐ 외모가 마음에 들다
☐ 생각이 비슷하다	☐ 목소리가 좋다
☐ 취향이 비슷하다	☐ 옷을 잘 입다
☐ 나하고 잘 맞다	☐ 말을 재미있게 하다
☐ 나하고 다르다	☐ 매력이 넘치다
☐ 나한테 잘해 주다	☐ 사랑스럽다
☐ 그냥 좋다	☐ 어른스럽다

1) 가 너는 제니가 왜 그렇게 좋아?
　　나 나하고 잘 맞고 모든 게 사랑스러워.

2) 가 지아 씨, 이 사람 어때요? 소개해 주고 싶은데 한번 만나 볼래요?
　　나 음, 외모가 마음에 드네요. 전 너무 연예인처럼 잘생긴 사람은 안 좋아하거든요.

> • '처럼'은 명사에 붙어 비유나 비교의 대상을 나타내요.
> 　한국 사람처럼 한국말을 잘하고 싶어요.

1 여러분이 아는 사람 중에 이런 특징을 가지고 있는 사람이 있어요? 친구하고 이야기해 봐요.

> 사랑스럽다

> 매력이 있다

> 나한테 잘해 주다

> 나하고 다르다

2 여러분 나라에서 인기가 많은 연예인은 누구예요? 왜 인기가 많아요? 친구하고 이야기해 봐요.

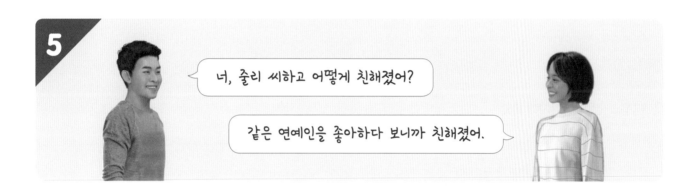

5

너, 줄리 씨하고 어떻게 친해졌어?

같은 연예인을 좋아하다 보니까 친해졌어.

1) 가 그 사람을 보고 첫눈에 반했어?
    나 아니. 여러 번 만나다 보니까 좋아하게 됐어.

2) 가 여자 친구하고 왜 헤어졌어?
    나 서로 바쁘다 보니 자연스럽게 멀어졌어.

3) 가 그 가수를 왜 좋아하게 됐어?
    나 나하고 친한 친구들이 다 좋아하다 보니 나도 관심을 갖게 됐어.

관심을 갖다 have an interest in 关心, 关注

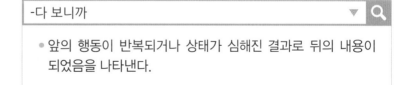

-다 보니까   🔍

• 앞의 행동이 반복되거나 상태가 심해진 결과로 뒤의 내용이
  되었음을 나타낸다.

1 다음과 같이 이야기해 봐요.

> **친해지다**
>
> 취미가 같아서 자주 만나다
>
> 가 두 사람은 어떻게 친해졌어요?
> 나 취미가 같아서 자주 만나다 보니까 친해졌어요.

① 친해지다

매일 수업을 같이 듣다

② 좋아하게 되다

모임에서 같이 활동하다

③ 헤어지게 되다

서로의 생각이 다르다

④ 멀어지다

바빠서 연락을 자주 못 하다

2 다음과 같이 이야기해 봐요.

> **여행사에서 일하다**
>
> 여행을 좋아하다
>
> 가 여행사에서 일해요?
> 나 네. 여행을 좋아하다 보니 여행사에서 일하게 됐어요.

① 요리를 잘하다

계속 집에서 해 먹다

② 한국 문화를 잘 알다

여자 친구가 한국 사람이다

③ 피아노를 잘 치다

매일 연습하다

④ 요즘 동아리 모임에 안 나가다

바쁘다

3 한국에 온 후에 달라진 것에 대해 다음과 같이 친구하고 이야기해 봐요.

저는 웨이 씨하고 매일 같이 수업을 듣다 보니 친해졌어요.

친해진 사람   좋아하게 된 일   잘하게 된 것

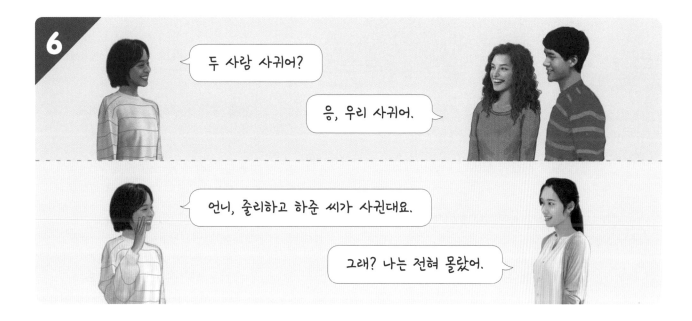

1) 가 두 사람은 왜 저러고 있어요?
   나 둘이 싸웠대요. 어제부터 계속 말을 안 해요.

2) 가 저기 용재 선배 옆에 있는 사람이 누구예요?
   나 지아가 그러는데 용재 선배가 요즘 만나는 사람이래요.

3) 가 내일 날씨가 어떻대요?
   나 비가 오고 바람이 많이 분대요.

4) 가 무함마드 씨가 뭐래요?
   나 내일 고향에서 친구가 놀러 와서 학교에 안 올 거래요.

1 다음과 같이 이야기해 봐요.

저는 남자 친구가 있어요.

가 제니 씨가 뭐래요?

나 (제니 씨가) 남자 친구가 있대요.

① 남자 친구는 회사에 다녀요.

② 남자 친구는 목소리가 좋아요.

③ 남자 친구하고 주로 홍대에서 놀아요.

④ 어제 남자 친구하고 좀 싸웠어요.

⑤ 제가 약속 시간에 늦었기 때문이에요.

⑥ 오늘은 제가 맛있는 것을 살 거예요.

⑦ 다음 달 5일부터 휴가예요.

⑧ 휴가 때 같이 여행을 갈 거예요.

⑨ 아직 여행 계획은 안 세웠어요.

⑩ 즐거운 시간이 되면 좋겠어요.

2 다음에 대해 친구하고 이야기를 나눈 후 그 내용을 다른 친구한테 이야기해 봐요.

여가 생활	요즘 관심이 있는 사람	새로 산 물건
	요즘 관심이 있는 것	

한 번 더 연습해요

1 다음 대화를 들어 보세요.

1) 두 사람은 무엇에 대해 이야기해요?

2) 카밀라 씨는 누구를 어떻게 사귀게 되었어요?

2 다음 대화를 연습해 보세요.

 카밀라, 한국 사람하고 사귀어 본 적이 있어?

응, 사귀어 본 적 있어.

 어떻게 사귀게 됐어?

SNS로 알게 되었는데 자주 이야기하다 보니 사귀게 됐어.

3 여러분도 이야기해 보세요.

1)

| 가 | 학교 선배하고 사귀다 | 나 | 같은 수업을 듣다 |

2)

| 가 | 한국 연예인을 좋아하다 | 나 | 드라마에서 자주 보다 |

3)

| 가 | 친한 친구하고 멀어지다 | 나 | 대학에 입학해서 서로 바쁘다 |

이제 해 봐요

 들어요

1 다음은 좋아하는 연예인에 대한 대화입니다. 잘 듣고 질문에 답해 보세요.

1) 여자가 좋아하는 연예인에 대한 설명으로 맞는 것을 고르세요.

① 아직 팬클럽이 없습니다.

② 콘서트를 한 적이 있습니다.

③ 가수를 하면서 영화도 찍었습니다.

2) 여자가 이 연예인을 좋아하는 이유를 쓰세요.

 읽어요

1 다음은 좋아하는 사람에 대해 쓴 글입니다. 잘 읽고 질문에 답해 보세요.

제가 한국에 와서 가장 좋아하게 된 사람은 제 룸메이트 김유진입니다. 저는 처음 본 사람하고 말도 잘하고 쉽게 친구를 사귀는 편인데 유진이는 저와 다르게 아주 조용한 사람입니다. 처음에는 제가 물어볼 때만 대답을 하고 말을 별로 하지 않아서 저를 안 좋아하는 줄 알았습니다. 그런데 한번은 제가 남자 친구하고 크게 싸운 적이 있었습니다. 너무 속상해서 계속 울고 있었는데 그때 유진이가 제 이야기도 잘 들어주고 어른스럽게 조 언도 해 주었습니다. 유진이와 이야기를 하다 보니 남자 친구의 마음도 이해되고 기분도 나아졌습니다. 그 뒤로 유진이와 친해져서 지금은 이야기가 잘 통하는 가장 좋은 친구가 되었습니다.

└─▶ 속상하다 upset 伤心

1) 유진 씨는 어떤 사람이에요?

2) 읽은 내용과 같은 것을 고르세요.

① 이 사람은 남자 친구와 헤어졌습니다.

② 이 사람과 유진 씨는 성향이 다릅니다.

③ 이 사람과 유진 씨는 처음부터 이야기가 잘 통했습니다.

1 여러분은 한국에서 만난 특별한 사람이 있어요? 한국에 와서 만난 특별한 사람에 대해 이야기해 보세요.

1) 다음에 대해 메모하세요.

✩ 그 사람을 언제 만났어요?
그 사람을 어디에서 만났어요?
그 사람을 어떻게 만났어요?

✩ 그 사람은 누구예요?

✩ 그 사람은 어떤 사람이에요?

✩ 그 사람이 왜 나에게 특별해요?

2) 메모한 내용을 바탕으로 친구하고 이야기하세요.

3) 여러분이 들은 이야기를 다른 친구에게 전하세요.

1 한국에 와서 만난 특별한 사람을 소개하는 글을 써 보세요.

써요

1) 말하기에서 이야기한 내용을 바탕으로 글을 쓸 거예요. 어떤 순서로 쓸 거예요? 생각해 보세요.

2) 메모한 내용을 바탕으로 글을 쓰세요.

발음 한국어의 억양

● 한국어의 억양을 생각하면서 다음을 들어 보십시오.

> 영민이는 민영이를 좋아해요.
>
> 현영이는 상민이를 사랑해요.

● 이번에는 억양 표시를 확인하면서 들으십시오.

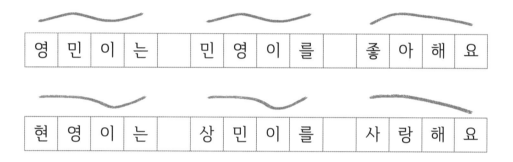

영	민	이	는		민	영	이	를		좋	아	해	요

현	영	이	는		상	민	이	를		사	랑	해	요

● 억양에 주의하면서 다음을 읽으십시오.

> 1) 나는 민영이를 좋아해요.
>
> 2) 우리는 민영이를 좋아해요.
>
> 3) 상민이는 현영이를 사랑해요.
>
> 4) 선생님하고 친구들하고 함께 가요.
>
> 5) 나는 어렸을 때부터 한국어를 좋아했어요.

자기 평가

이번 과 공부는 어땠어요? 별점을 매겨 보세요!

내게 특별한 사람에 대해 이야기할 수 있어요?	

8

일상의 변화

생각해 봐요 **081**

1 무엇이 달라졌어요?

2 여러분 주변에 최근에 달라진 것이 있어요?

학습 목표

일상의 변화를 발견하고 그 느낌을 이야기할 수 있다.

● 외적 변화, 변화의 느낌

● -던, -아 보이다, -아 있다

배워요

저기 전에 카페였잖아.

맞아. 카페가 없어지고 편의점이 생겼어.

외적 변화 ▼ 🔍

건물이 생기다

창문을 만들다

건물이 없어지다

창문을 없애다

모양이 바뀌다   스타일이 달라지다

분위기를 바꾸다

머리 모양을 바꾸다

머리를 자르다   커트하다

파마하다

염색하다

피부가 좋아지다

화장을 하다

수염을 기르다

수염을 깎다   면도를 하다

1) 가 사무실 분위기가 좀 달라진 것 같아요.

   나 네. 봄이라서 사무실 인테리어를 좀 바꿔 봤습니다.
   → interior 装修

2) 가 저 사람이 다니엘 씨 맞아요?

   나 네. 수염을 기르니까 다른 사람 같지요?

3) 가 어떻게 해 드릴까요?

   나 머리를 조금 자르고 파마하려고요.

1 다음과 같이 이야기해 봐요.

창문, 생기다

가 뭔가 달라진 것 같은데요?

나 창문이 생겨서 그럴 거예요.

① 색깔, 바꾸다   ② 책들, 없애다   ③ 디자인, 달라지다   ④ 피부, 좋아지다

⑤    ⑥    ⑦    ⑧

2 여러분은 다음을 해 본 적이 있어요? 친구하고 이야기해 봐요.

파마하다   염색하다   수염을 기르다   화장을 하다

2

우리가 전에 자주 가던 식당도 없어졌어?

응. 여기가 많이 바뀌었어.

1) 가 여기 전에는 미용실 아니었어요?

　나 맞아요. 편의점으로 바뀐 지 꽤 됐어요.

　가 사장님이 [친절해서] 자주 다니던 곳이었는데.

　　　　　↳ 친절하다 kind 亲切

2) 가 코트 새로 샀어요? 잘 어울리네요.

　나 네. 전에 입던 코트가 너무 오래 돼서 새로 하나 샀어요.

3) 가 너 우리 고등학교 동창 민지 기억해?

　나 그 눈 크고 성격 좋던 애 말이지?

4) 가 여기에 있던 TV 어디 갔어요?

　나 공부에 [집중하려고] 없앴어요.

　　　↳ 집중하다 concentrate 集中

-던	▼	🔍

● 뒤에 오는 명사를 수식한다. 과거에 그 동작이 반복적으로 이루어졌거나 그 상태가 지속되었음을 나타낸다.

1 다음과 같이 이야기해 봐요.

가 그 식당은 어떤 곳이에요?

나 전에 자주 가던 식당이에요.

가게	친구	옷	

2 여러분이 자주 가던 식당이나 가게인데 지금은 없어진 곳이 있어요? 또는 어릴 때 친하게 지내던 친구나 좋아하던 연예인은 누구였어요? 친구하고 이야기해 봐요.

3

눈이 쌓이니까 다른 곳 같아.

그러게.
매일 다니던 길인데 오늘은 좀 새롭네.

변화의 느낌

깔끔하다	지저분하다
새롭다	낡다 · 오래되다
간단하다	복잡하다
세련되다	촌스럽다
어리다	젊다
나이가 들다	늙다

1) 가 여기 길이 새로 생겼네요.
   나 네. 그래서 전보다 차도 많아지고 더 복잡해졌어요.

2) 가 조금 천천히 걸을까요?
   나 그럴까요? 젊었을 때는 괜찮았는데 나이가 드니까 힘드네요.

1 다음과 같이 이야기해 봐요.

| 가 저 사람 어때요? |
| 나 어려서 실수를 많이 해요. |

| 가 느낌이 어때요? |
| 나 만든 지 오래돼서 촌스러워요. |

어리다	하고 싶은 것이 많다
	생각이 깊다
젊다	
	실수를 많이 하다
나이가 들다	?

인테리어를 바꾸다	깔끔하다
	낡다
건물들이 많이 생기다	복잡하다
	새롭다
만든 지 오래되다	지저분하다
?	촌스럽다

2 다음에 대해 느낌이 어떤지 이야기해 봐요.

공부하고 있는 건물

전에 살던 곳

가장 인기 있는 연예인

현재의 나

4

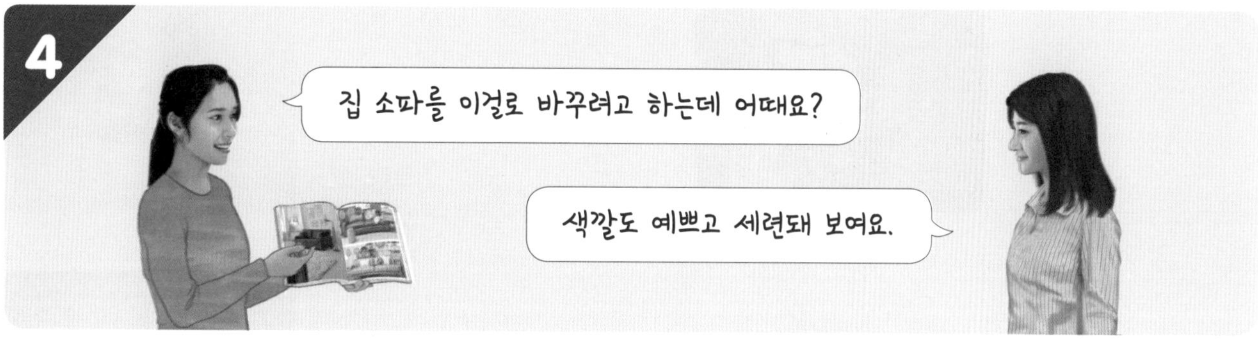

집 소파를 이걸로 바꾸려고 하는데 어때요?
색깔도 예쁘고 세련돼 보여요.

1) 가 저 어제 미용실 갔다 왔는데 어때요?
   나 너무 잘 어울려요. 그렇게 하니까 더 어려 보이네요.

2) 가 김 선생님, 오늘 뭔가 달라 보여요.
   나 안경을 안 쓰고 렌즈를 껴서 그럴 거예요.
   렌즈를 끼다 wear contact lenses 戴隐形眼镜

3) 가 우리 사무실이 너무 지저분한 것 같아요.
   나 저기에 있는 서류만 버려도 훨씬 깔끔해 보일 것 같은데. 같이 정리할까요?

4) 가 이게 새로 산 가방이에요?
   나 네. 가격도 저렴하고 튼튼해 보여서 이걸로 샀어요.

-아/어/여 보이다

- 대상을 그렇게 생각함을 나타낸다.

1 다음과 같이 이야기해 봐요.

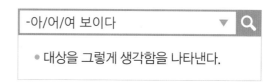

가구

바꾸다

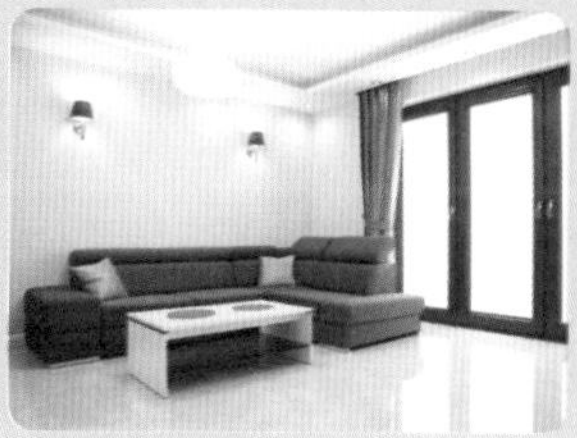

가 가구를 바꿔 봤는데 어때요?
나 이렇게 바꾸니까 더 넓어 보이는데요.

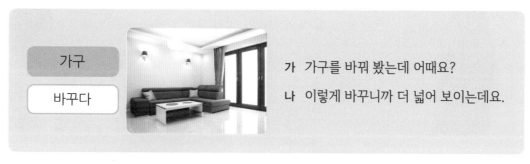

① 머리 모양 / 바꾸다

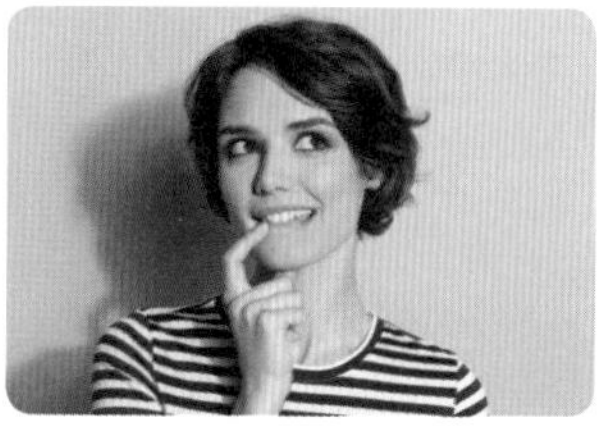

② 케이스 / 바꾸다

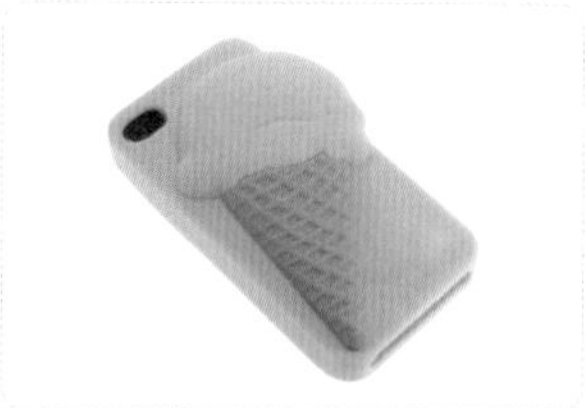

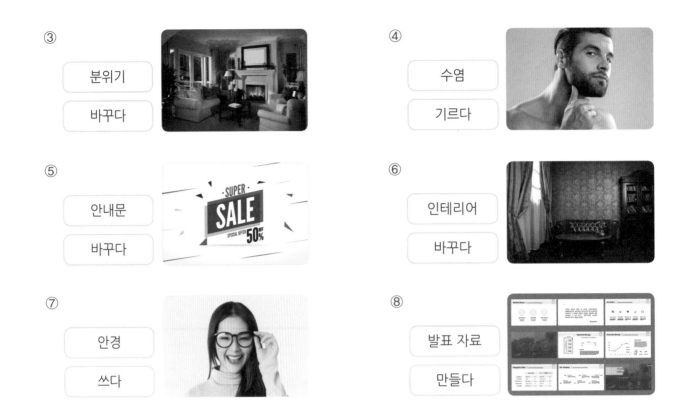

③ 분위기 / 바꾸다

④ 수염 / 기르다

⑤ 안내문 / 바꾸다

⑥ 인테리어 / 바꾸다

⑦ 안경 / 쓰다

⑧ 발표 자료 / 만들다

2 여러분이 사는 곳은 어때요? 그리고 여러분의 친구는 오늘 어때 보여요? 친구하고 이야기해 봐요.

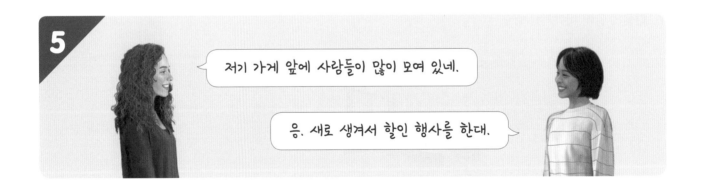

5

저기 가게 앞에 사람들이 많이 모여 있네.

응. 새로 생겨서 할인 행사를 한대.

1) 가 이게 새로 산 소파예요? 편해 보이네요.
   나 너무 편해서 문제예요. 집에 오면 계속 여기에 누워 있거든요.

2) 가 아직도 공사 중이에요? 저는 다 끝난 줄 알았는데.
   → construction 施工
   나 저기 안내문에 쓰여 있었어요. 다음 주까지 한대요.

3) 가 늦게 와서 자리가 없는 것 같아요. 사람들이 다 뒤에 서 있어요.

나 서서 보면 힘들 것 같은데. 어쩌죠?

4) 가 어, 땅에 뭐가 떨어져 있어요.

나 지갑인 것 같아요.

5) 가 이 상자 안에 뭐가 들어 있어요?

나 제가 공부하던 한국어 교과서들이에요. → textbook 教科书, 教材

-아/어/여 있다 ▽ 🔍
• 어떤 동작이 끝난 후 그 상태가 지속됨을 나타낸다.

1 다음과 같이 이야기해 봐요.

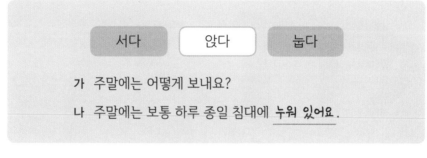

① 붙다   모이다   떨어지다

가 안내문이 어디에 있어요?

나 교실 벽에 _____.

② 앉다   서다   눕다

가 새로 들어온 신입 회원이 누구예요?

나 저기 문 앞 의자에 _____ 분이에요.

③ 　쓰이다　　　　들다　　　　나오다

가　저 컵 안에 _____ 게 뭐예요?

나　어제 마시던 커피예요.

④ 　모이다　　　　붙다　　　　떨어지다

가　가족하고 _____ 많이 외롭지요?

나　그럴 때도 있는데 혼자 있는 게 편할 때도 있어요.

2 다음을 보고 그림 속 모습을 자세하게 이야기해 봐요.

3 교실의 친구들의 모습은 어때요? 교실 안과 교실 밖의 모습은 어때요? 친구하고 이야기해 봐요.

한 번 더 연습해요

1 다음 대화를 들어 보세요.

1) 남자는 무엇을 바꾸었어요?

2) 바꾼 후에 느낌이 어때요?

2 다음 대화를 연습해 보세요.

 이 의자 새로 만들었어요?

전에 있던 것이 너무 낡았거든요.
새로 만들어 봤는데 어때요?

 멋있고 세련돼 보여요.

3 여러분도 이야기해 보세요.

1)

가	안내문, 바꾸다	나	촌스럽다
	보기 쉽다, 새롭다		색이랑 모양, 바꾸다

2)

가	사무실 인테리어, 바꾸다	나	지저분하고 복잡하다
	깔끔하다, 넓다		필요 없는 것, 버리다, 가구 위치, 바꾸다

3)

가	머리 모양, 바꾸다	나	머리가 길다
	잘 어울리다, 깔끔하다		자르다, 파마하다

 이제 해 봐요

 들어요

1 다음은 두 사람이 오랜만에 만나서 이야기하는 대화입니다. 잘 듣고 질문에 답해 보세요.

1) 대화가 끝난 후 남자가 바로 이어서 할 행동으로 알맞은 것을 고르세요.

① 식당에서 밥을 먹습니다.

② 선생님께 인사를 드립니다.

③ 한국어센터 건물로 갑니다.

2) 들은 내용과 같은 것을 고르세요.

① 이곳에 카페가 새로 생겼습니다.

② 여자는 이곳에 오랜만에 다시 왔습니다.

③ 남자는 5년 전에 대학을 졸업했습니다.

 말해요

1 집이나 외모를 바꾼 경험을 이야기해 보세요.

1) 여러분은 여러분의 집이나 모습을 바꾼 경험이 있어요? 자기 경험이 없으면 주위 사람들의 경우를 생각해 보세요.

● 바꾸기 전의 모습은?

● 어떻게 바꾸었는지?

● 바꾼 후의 느낌은?

2) 위의 내용을 친구들하고 이야기하세요.

3) 앞으로 더 바꾸고 싶은 것이 있어요? 무엇을 어떻게 바꾸고 싶어요? 친구하고 이야기하세요.

1 다음은 바뀐 장소에 대해 쓴 글입니다. 잘 읽고 질문에 답해 보세요.

읽어요

지난 주말에 오랜만에 고향에 가게 되었습니다. 초등학교 동창회가 있어서 친구들과 즐거운 시간을 보내고 왔습니다. 외모가 너무 변해서 ㉠몰라본 친구도 있었습니다. 동창회가 끝난 후 친구 몇 명과 함께 초등학교에 다시 가 보기로 했습니다.

학교까지 가는 길을 걷다 보니 예전 생각이 많이 났습니다. 학교에 늦어서 뛰어갈 때마다 들었던 종소리, 학교 정문 앞에 있던 떡볶이집, 운동장 끝에 있던 이름 모를 나무. 학교 주변의 모습은 많이 바뀌었지만 다행히 운동장에 있던 나무는 그대로였습니다. 어릴 때에는 너무 커 보이던 나무가 지금 보니까 별로 크지 않아서 놀랐습니다. 키가 크고 나이가 들면서 세상을 보는 눈도 바뀐 것 같습니다.

1) 읽은 내용과 같은 것을 고르세요.

① 이 사람은 모임에 가기 전 초등학교에 가 봤습니다.
② 이 사람은 동창회가 있어서 오랜만에 고향에 갔습니다.
③ 이 사람은 학교에 있던 나무가 없어져서 놀랐습니다.

2) '㉠몰라본 친구도 있었습니다'의 의미와 가장 비슷한 것을 고르세요.

① 친구가 안 생겼습니다.
② 친구인 줄 몰랐습니다.
③ 친구에게 질문을 했습니다.

1 일상의 변화에 대한 글을 써 보세요.

써요

1) 생활하면서 많이 바뀌었다고 느낀 것이 있어요? 무엇이 바뀌었어요? 어떻게 바뀌었어요? 바뀐 것을 어떻게 알게 되었어요? 바뀐 후의 느낌이 어때요? 생각해 보세요.

2) 생각한 것을 바탕으로 글을 쓰세요.

문화 유행하는 이모티콘

문화

● 다음 사진을 보십시오. 무엇인지 알고 있습니까?

따르릉

여보세요

8282

● 다음은 무엇을 나타내고 언제 사용하는지 알고 있습니까?

^^	ㅠㅠ	ㅋㅋㅋ
ㅇㅇ	ㅎㅎ	ㄴㄴ
~	ㅇㅋ	ㅇㅈㅇㅈ
헉(허걱)	헐	ㄷㄷ
ㄱㅅ	ㅊㅋ	ㄲ

● 여러분은 요즘 어떤 이모티콘을 많이 씁니까?

자기 평가

이번 과 공부는 어땠어요? 별점을 매겨 보세요!

일상의 변화를 발견하고 그 느낌을 이야기할 수 있어요?

9

당황스러운 일

생각해 봐요

1 여자에게 무슨 일이 생겼어요? 기분이 어떨까요?

2 여러분은 이런 경험이 있어요?

학습 목표

당황스러운 경험에 대해 이야기할 수 있다.

● 당황스러운 일, 고장

● -다가, -나 보다/은가 보다, -을 뻔하다

배워요

 무슨 일이야?

넘어져서 좀 다쳤어.

당황스러운 일 ▾ 🔍

넘어지다

부딪히다

부러지다

찢어지다

교통사고가 나다

버스를 놓치다

도둑을 맞다

두고 오다/놓고 오다

떨어뜨리다

쏟다

고장이 나다

1) 가 왜 이렇게 늦었어?

   나 버스를 놓쳐서 늦었어. 미안해.

2) 가 어디를 그렇게 급하게 가는 거예요?

   나 노트북이 없어져서요. 교실에 두고 온 것 같아요.

1 다음과 같이 이야기해 봐요.

> 가 무슨 일 있어요?
>
> 나 화장실에 휴대폰을 두고 왔어요.

넘어지다   떨어뜨리다   놓치다

✔ 두고 오다   쏟다   도둑을 맞다

2 여러분은 최근에 어떤 당황스러운 일이 있었어요? 친구하고 이야기해 봐요.

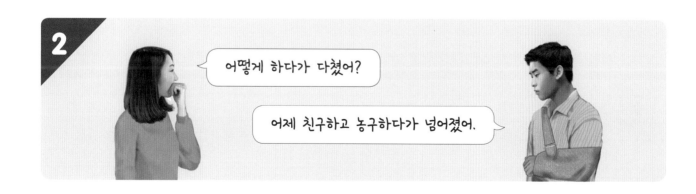

1) 가 나 조금 전에 휴대폰 보면서 걷다가 자전거랑 부딪혔어.
   나 괜찮아? 다친 데는 없어?

2) 가 어쩌다가 감기에 걸렸어?
   나 어제 티셔츠 하나만 입고 나갔다가 감기에 걸렸어.

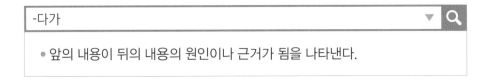
-다가 ▼ 🔍
 • 앞의 내용이 뒤의 내용의 원인이나 근거가 됨을 나타낸다.

3) 가 김치찌개는 어떻게 만들어요?
   나 먼저 돼지고기와 김치를 볶다가 물을 넣고 더 끓이면 됩니다.

4) 가 어제 동아리 뒤풀이 참석했어?
   나 응. 그런데 몸이 안 좋아서 갔다가 일찍 나왔어.

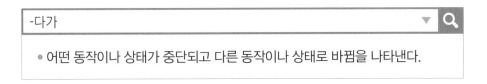
-다가 ▼ 🔍
 • 어떤 동작이나 상태가 중단되고 다른 동작이나 상태로 바뀜을 나타낸다.

1 다음과 같이 이야기해 봐요.

버스에서 내리다, 넘어지다

가 어쩌다가 그랬어요?
나 버스에서 내리다가 넘어졌어요.

① 급하게 나오다, 휴대폰을 두고 오다

② 길을 건너다, 교통사고가 나다

③ 요리하다, 손을 다치다

④ 라면을 먹다, 노트북에 쏟다

⑤ 앞을 안 보고 걷다, 문에 부딪히다

⑥ 다른 생각을 하다, 버스를 놓치다

⑦ 지하철에서 동영상을 보다, 잘못 내리다

⑧ 비 오는 날 바닷가에 갔다, 감기에 걸리다

2 다음과 같이 이야기해 봐요.

책을 읽다가 잤어요.

3

어, 지갑이 어디 갔지?

없어요? 식당에 두고 왔나 봐요.

1) 가 어, 엘리베이터가 왜 이러지?
   나 고장 났나 봐. 그냥 걸어서 올라가자.

2) 가 어떡해. 나 택시에 휴대폰을 두고 내렸나 봐.
   나 지금 들고 있는 건 뭐야? 정신 차려 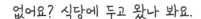 ⟶ 정신을 차리다 pull oneself together 打起精神

3) 가 오늘도 벤 씨가 안 왔네요. 아픈가 봐요.
   나 제가 아까 전화해 봤는데 친구들이랑 여행갔대요.

4) 가 무함마드 씨 또 커피 마셔요? 커피를 많이 좋아하나 봐요.

　　나 커피를 안 마시면 [졸려서] 수업을 들을 수 없거든요.

　　졸리다 sleepy 犯困

-나 보다/(으)ㄴ가 보다 ▼ 🔍

● 어떤 사실이나 상태에 대한 추측을 나타낸다. 직접 보거나 느낀 것을 근거로 추측할 때 주로 사용한다.

1 다음과 같이 이야기해 봐요.

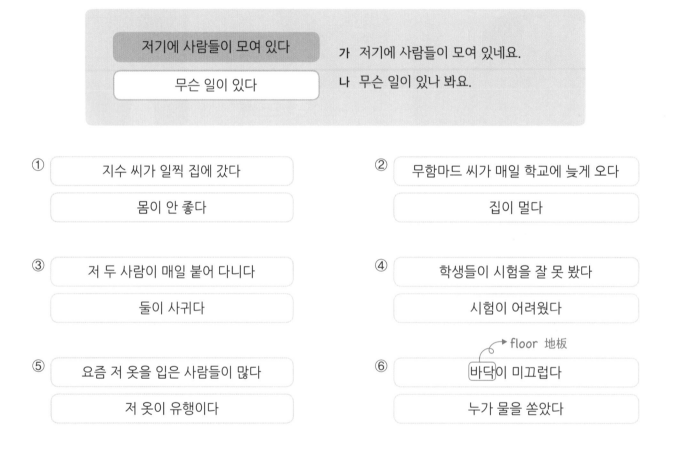

저기에 사람들이 모여 있다

무슨 일이 있다

가 저기에 사람들이 모여 있네요.

나 무슨 일이 있나 봐요.

① 지수 씨가 일찍 집에 갔다 / 몸이 안 좋다

② 무함마드 씨가 매일 학교에 늦게 오다 / 집이 멀다

③ 저 두 사람이 매일 붙어 다니다 / 둘이 사귀다

④ 학생들이 시험을 잘 못 봤다 / 시험이 어려웠다

⑤ 요즘 저 옷을 입은 사람들이 많다 / 저 옷이 유행이다

⑥ [바닥]이 미끄럽다 / 누가 물을 쏟았다

　　floor 地板

2 그림을 보고 다음과 같이 이야기해 봐요.

가 이 식당 음식이 맛있나 봐요. 기다리는 사람들이 많아요.

나 그러네요.

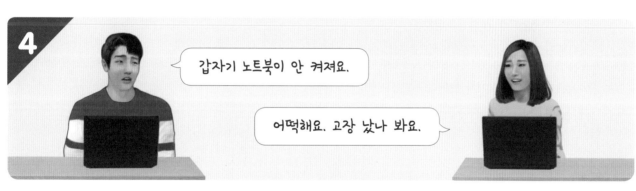

갑자기 노트북이 안 켜져요.

어떡해요. 고장 났나 봐요.

고장

깨지다

막히다

끊기다

멈추다

(안) 열리다

(안) 닫히다

(안) 켜지다

(안) 꺼지다

(안) 나오다

잘 (안) 들리다

잘 (안) 보이다

1) 가 미안. 내가 좀 전에 떨어뜨려서 컵이 깨졌어.
   나 뭐라고? 그거 내가 좋아하는 컵인데.

2) 가 여보세요? 제 말이 안 들리세요? 자꾸 전화가 끊기네요.
   나 여보세요, 여보세요?

3) 가 어, 갑자기 휴대폰이 꺼졌어.　　→ 충전하다 recharge 充电
   나 배터리가 다 된 거 아냐? 충전부터 해 봐.

4) 가 저기요, 201호인데 따뜻한 물이 안 나와서요.
   나 불편을 드려서 죄송합니다. 빨리 확인해 드리겠습니다.
   　　　　　　　　　　　　　　　　→ 확인하다 check 确认

1 다음과 같이 이야기해 봐요.

방

가 네, 무엇을 도와 드릴까요?
나 방에 불이 안 켜지는데요.

5

> 왜 이렇게 늦었어? 기차 놓칠 뻔했잖아.

> 미안해. 휴대폰을 집에 두고 와서 다시 갔다 왔어.

1) 가 어디 다쳤어요?

　 나 좀 전에 계단에서 넘어졌는데 많이 아프지는 않아요.

　 가 그래요? 큰일 날 뻔했네요.

2) 가 저 영화 너무 슬프죠? 용재 씨도 보다가 울었어요?

　 나 아니요. 눈물이 나올 뻔했지만 참았어요.

　　　　　　　　　　　　　　　　　↳ 참다 hold back 忍住

3) 가 많이 기다렸지? 미안해.

　 나 왜 이렇게 늦었어? 배고파서 죽을 뻔했어.

-(으)ㄹ 뻔하다 ▼ 🔍
• 어떤 일이 일어날 것 같았지만 결국 일어나지 않았음을 나타낸다.

1 다음과 같이 이야기해 봐요.

> 길이 미끄러워서 넘어지다
>
> 가 왜 그래요? 무슨 일 있었어요?
>
> 나 길이 미끄러워서 넘어질 뻔했어요.

① 차가 막혀서 비행기를 놓치다

② 친구가 약속 시간에 늦어서 싸우다

③ 시계가 멈춰서 시험 시간에 늦다

④ 발표를 하다가 실수하다

⑤ 식당에 사람이 너무 많아서 못 먹다

⑥ 휴대폰을 보면서 걷다가 사고가 나다

2 여러분은 이런 경험이 있어요? 친구하고 이야기해 봐요.

한 번 더 연습해요

1 다음 대화를 들어 보세요.

   1) 여자에게 무슨 일이 있었어요?

   2) 어쩌다가 이런 일이 생겼어요?

2 다음 대화를 연습해 보세요.

 왜 그래? 무슨 일이야?

노트북이 고장 났나 봐.
안 켜져.

 어쩌다가 그랬어?

커피를 마시다가 쏟았어.

 어떡해. 조금 있다가 다시 켜 봐.

3 여러분도 이야기해 보세요.

1)

| 가 | 병원에 가 보다 | 나 | 다리가 부러졌다, 걸을 때 너무 아프다 |
| | | | 농구하다, 넘어졌다 |

2)

| 가 | 빨리 집에 가 보다 | 나 | 지갑을 집에 두고 왔다 아무리 찾아도 없다 |
| | | | 급하게 나오다, 깜박하고 안 가지고 온 것 같다 |

3)

| 가 | 서비스센터에 가 보다 | 나 | 휴대폰이 고장 났다 화면이 안 보이다 |
| | | | 운동하다, 떨어뜨렸다 |

4)

| 가 | 친구한테 연락해 보다 | 나 | 책을 잘못 가져왔다, 내 게 아니다 |
| | | | 너랑 전화하다, 옆 친구 걸 가지고 온 것 같다 |

이제 해 봐요

들어요

1 다음은 두 사람의 대화입니다. 잘 듣고 질문에 답해 보세요.

1) 남자는 왜 당황했어요?

2) 들은 내용과 같은 것을 고르세요.

① 남자는 카페에서 지갑을 도둑 맞았습니다.

② 카페의 점원은 남자의 지갑을 찾아줬습니다.

③ 남자는 지갑이 없어서 식당에서 돈을 못 냈습니다.

읽어요

1 다음은 당황스러운 경험에 대해 쓴 글입니다. 잘 읽고 질문에 답해 보세요.

오늘은 여자 친구와 만난 지 1년이 되는 날이었습니다. 여자 친구가 갖고 싶어 하던 선물도 준비하고 사랑하는 마음을 담아 편지도 썼습니다. 특별한 [이벤트]를 *event* 庆祝活动 해 주고 싶어서 여자 친구에게는 미리 말하지 않고 여자 친구의 집으로 갔습니다. 여자 친구가 집에 있을 줄 알았는데 불이 꺼져 있었고 여자 친구의 전화기도 꺼져 있었습니다. 처음에는 걱정이 되었는데 시간이 점점 지나니까 화가 나기 시작했습니다. 집으로 돌아갈 수도 없어서 여자 친구 집 앞에서 계속 기다렸습니다. 두 시간 후에 여자 친구가 왔습니다. 여자 친구는 나를 보고 울기 시작했습니다. 여자 친구는 나를 만나려고 우리 집에서 한 시간 동안 기다렸고, 전화기 배터리가 다 돼서 연락도 못 한 것이었습니다. 서로의 얼굴을 보고 우리는 웃었습니다. 서로 ㉠같은 생각을 한 게 너무 행복하고 기뻤습니다.

1) '㉠같은 생각'은 어떤 생각이에요? 윗글에서 찾아 쓰세요.

2) 읽은 내용과 같으면 ○, 틀리면 ✕에 표시하세요.

① 이 사람은 여자 친구와 미리 만나기로 약속했습니다.   ○   ✕

② 이 사람이 생일을 잊어버려서 여자 친구가 울었습니다.   ○   ✕

1 친구들하고 당황스러운 경험을 이야기해 보세요.

말해요

1) 여러분은 살면서 어떤 당황스러운 일이 있었어요? 생각해 보세요.

물건이 고장난 일   다쳤던 일   잃어버렸던 일

2) 언제, 어디에서 그런 일이 있었어요? 왜 그런 일이 생겼어요? 그래서 어떻게 했어요?

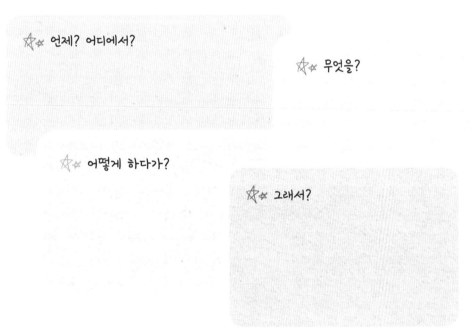

☆☆ 언제? 어디에서?

☆☆ 무엇을?

☆☆ 어떻게 하다가?

☆☆ 그래서?

3) 친구들하고 이야기하세요.

4) 가장 당황스러운 경험을 한 사람은 누구예요?

1 당황스러운 경험에 대해 써 보세요.

써요

1) 말하기에서 이야기한 내용을 바탕으로 글을 쓸 거예요. 어떤 순서로 쓸 거예요? 생각해 보세요.

2) 메모한 내용을 바탕으로 글을 쓰세요.

발음 소리 내어 읽기 2

● 다음을 읽어 보십시오.

전보다 큰 집으로 이사를 가면서 그동안 써 오던 물건들을 바꾸기로 했다. 먼저 오래 써서 많이 낡은 가구를 바꿨는데 침대와 책장, 책상과 의자를 모두 새로 샀다. 가전제품은 냉장고와 에어컨은 전에 쓰던 것을 그대로 가져갔고 세탁기와 가스레인지, 전자레인지를 새로 구입했다. 인터넷에서 요즘 인기 있는 상품과 가격을 알아본 후 구입은 집 근처 대형 할인마트를 이용했다. 직접 가서 눈으로 보고 만져 본 후 결정했다. 마침 특별 할인 기간이라서 가격도 아주 저렴했고 배송과 설치도 무료로 해 주어서 아주 편리했다. 새로운 집에 새 가구와 새 물건들이 많아지니 남의 집에 있는 것처럼 조금 낯설기도 하다. 앞으로 펼쳐질 생활에 기대가 크다.

● 다시 읽으십시오. 이번에는 어디에서 쉬면 좋을지 표시한 후 읽으십시오.

● 다시 읽으십시오. 이번에는 틀리지 않고 빠른 시간 안에 읽어 보십시오.

자기 평가

이번 과 공부는 어땠어요? 별점을 매겨 보세요!

당황스러운 경험에 대해 이야기할 수 있어요?	☆ ☆ ☆ ☆ ☆

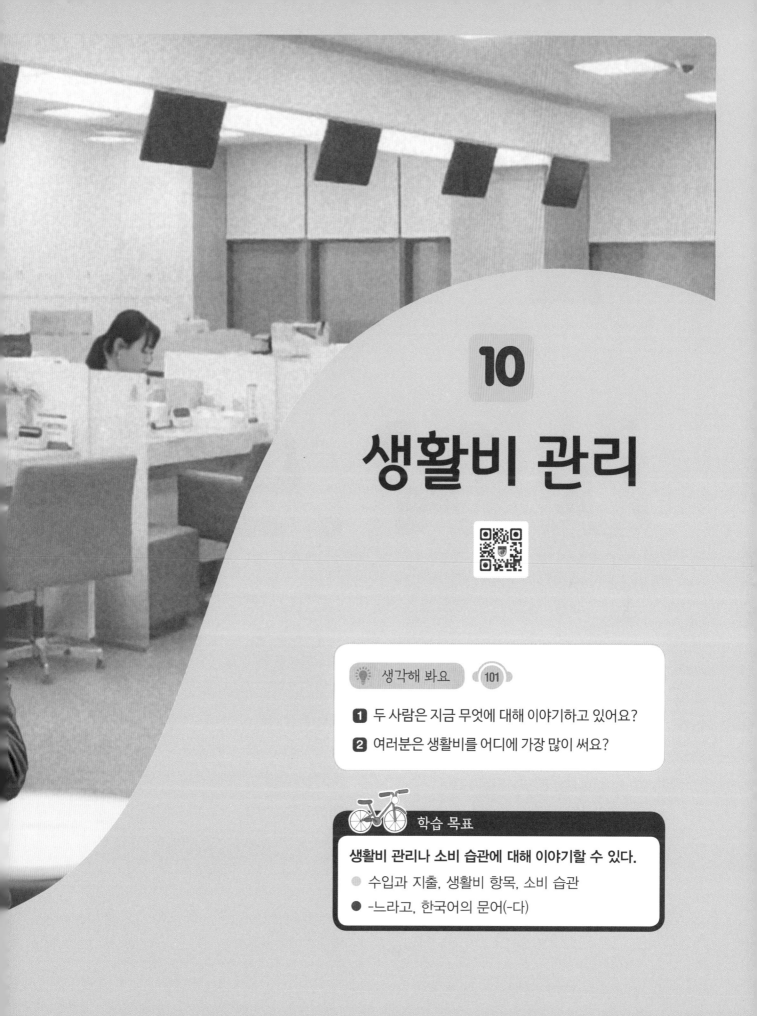

10

생활비 관리

생각해 봐요 101

1 두 사람은 지금 무엇에 대해 이야기하고 있어요?

2 여러분은 생활비를 어디에 가장 많이 써요?

학습 목표

생활비 관리나 소비 습관에 대해 이야기할 수 있다.

● 수입과 지출, 생활비 항목, 소비 습관

● -느라고, 한국어의 문어(-다)

배워요

1

돈을 벌어서 써요?

아니요, 부모님께 받아서 써요.

수입과 지출 ▼ 🔍

돈을 벌다	돈을 쓰다	돈을 아끼다	돈을 모으다
월급	현금	포인트 적립	저축
아르바이트비	체크 카드	할인 쿠폰	통장
용돈	신용 카드	중고품 구입	

수입을 늘리다   지출을 줄이다

마련하다 prepare 准备

1) 가 생활비를 어떻게 마련해요?
   나 아르바이트해서 벌어요. 부모님께 가끔 용돈도 받고요.

2) 가 모두 사만 오천 원입니다.
   나 카드로 할게요. 그리고 포인트 적립해 주세요.

3) 가 어떻게 하면 돈을 잘 모을 수 있을까요?
   나 저는 지출을 줄이는 게 제일 좋은 방법인 것 같아요.

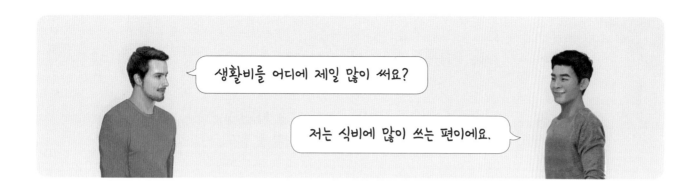

식비	의류 구입비	생필품 구입비

교육비	의료비	문화생활비
학비	병원비	게임비
수업료	보험료	영화 관람비

교통비	통신비	공공요금
지하철/버스/택시 요금	휴대폰 요금	전기 요금
기름값	인터넷 요금	수도 요금

1 여러분은 생활비를 어떻게 마련해요? 여러분은 생활비를 어디에 제일 많이 쓰고 어디에 제일 조금 써요?
   친구하고 이야기해 봐요.

2

저는 문화생활에 돈을 많이 써요. 바트 씨는요?

저는 아르바이트를 하느라고 문화생활은 거의 못 해요.

1) 가 게임하느라고 이번 달 용돈을 거의 다 썼는데 어쩌지?
   나 용돈 받은 지 아직 일주일도 안 됐는데? 제발 게임 좀 줄여.

2) 가 웨이 씨, 웨이 씨?
   나 어, 미안해요. 책 읽느라고 부르는 소리를 못 들었어요.

3) 가 졸려요? 아까부터 계속 [하품]만 하고.
                          → yawn 哈欠
   나 어제 영화 보느라고 잠을 못 잤거든요.

4) 가 하준이는 요즘 뭐 해?
   나 취직 준비하느라고 많이 바쁜 것 같아.

-느라고	▼	🔍

• 앞의 내용이 뒤의 내용에 대한 원인이나 목적임을 나타낸다.

---

1 다음과 같이 이야기해 봐요.

모임에 안 오다
늦게까지 일하다

가 왜 모임에 안 왔어요?
나 늦게까지 일하느라고 모임에
   못 갔어요.

① 전화를 안 받다 / 씻다

② 아침을 못 먹다 / 늦게까지 자다

③ 학교에 안 오다 / 병원에 가다

④ 돈을 못 모으다 / 차를 사다

⑤ 방학에 고향에 안 가다 / 아르바이트를 하다

⑥ 잠을 못 자다 / 발표 자료를 만들다

2 다음과 같이 이야기해 봐요.

> 아르바이트하다, 좀 힘들다
>
> 가 요즘 어떻게 지내요?
>
> 나 아르바이트하느라고 좀 힘들어요.

① 새로운 외국어를 배우다, 조금 바쁘다

② 대학교 지원 준비를 하다, 정신이 없다

③ 취직할 곳을 알아보다, 시간이 부족하다

④ 생활비를 벌다, 쉴 시간이 없다

3 여러분은 최근에 다른 일을 하느라고 못 한 일이 있어요? 정신이 없거나 힘든 일이 있어요? 친구하고 이야기해 봐요.

3

> 어떻게 하면 생활비를 줄일 수 있을까요?
>
> 가계부를 쓰면 생활비를 많이 줄일 수 있어.

소비 습관 ▾ 🔍

아껴 쓰다

계획을 세워서 돈을 쓰다　　가격을 비교해 보고 사다　　가계부를 쓰다

저축을 먼저 하다　　신용 카드를 쓰지 않다

아껴 쓰지 않다

돈을 펑펑 쓰다　　낭비하다　　충동구매를 하다

1) 가 나 이거 살래. 나중에 쓸데가 있을 것 같아.
   나 지금 필요하지 않으면 사지 마. 앞으론 충동구매 안 하기로 약속했잖아.

2) 가 직장 생활을 한 지 삼 년이 되는데 모은 돈이 하나도 없어.
   나 저축을 먼저 한 후에 남은 돈으로 생활하는 연습을 해 봐.

1 다음과 같이 이야기해 봐요.

① ○ ✕ 월급을 받으면 먼저 저축을 하다 ② ○ ✕ 여러 개의 신용 카드를 사용하다

③ ○ ✕ 주로 밖에서 사 먹다 ④ ○ ✕ 계획을 세워서 돈을 쓰다

⑤ ○ ✕ 충동구매를 하는 편이다 ⑥ ○ ✕ 가격을 비교해 보고 물건을 사다

2 여러분의 소비 습관은 어때요? 생활비를 아끼려고 어떤 노력을 하고 있어요? 친구하고 이야기해 봐요.

4

"지금 안 사면 평생 못 산다"
주택 부담에 30대 대출액 급증

💬 댓글 쓰기 ☐

최근 2년간 시중 은행에서 받은 대출액이 가장 많은 나잇대는 30대인 것으로 드러났다.

★ 가전업계, 겨울 특화 기능 속속 탑재
장마철 대표 가전이었던 건조기는 요즘 겨울철 최고 인기 품목으로 떠올랐다. 날이 추운 데다 실내에 빨래 건조대를 두기 꺼려하는 트렌드 변화 때문이다. 또 추운 날씨 탓에 이불을 밖에서 털기 ~~~~~ 않다는 점도 먼지 제거 기능이 있는 건조기 ~~~~~ 삼성전자 관계자는 "올 4분기 ~~~~~ 보다 1.5배 이상

한국어의 문어	▼	🔍

- 한국어 구어와 문어의 가장 큰 차이는 문말 어미이다. 구어에서는 대화 상대, 대화 상황에 따라 '-어요', '-어', '-습니다' 등의 문말 어미가 사용되고 문어에서는 '-다'가 사용된다.
- '-다'는 어떤 사건이나 상태를 서술하는 기능을 한다.
- 문말 어미로 '-다'를 사용할 때는 '저, 저희'는 '나, 우리'가 된다.

현재	▼	🔍

동사	받침이 있을 때	-는다	읽는다
	받침이 없거나 'ㄹ' 받침일 때	-ㄴ다	운동한다 논다
형용사	받침이 있을 때	-다	가볍다
	받침이 없거나 'ㄹ' 받침일 때		필요하다 길다
명사	받침이 있을 때	이다	기름값이다
	받침이 없을 때		교통비이다

---

1) 생활비를 잘 관리하는 사람들은 식비를 적게 쓴다. 그래서 집에서 음식을 만들어 먹는다.

2) 나는 아르바이트를 해서 생활비를 번다. 그런데 밤늦게까지 일을 해서 아주 힘들다.

3) 우리 학교 기숙사는 방이 너무 작다. 그리고 부엌도 없어서 많이 불편하다.

4) 내 이름은 너무 촌스러운 것 같다. 그래서 내 이름을 바꾸고 싶다.

5) 튀긴 음식은 건강에 좋지 않다. 그래서 자주 먹지 않는다.

1 다음과 같이 바꿔 써 봐요.

> 🔊 제 이름은 왕웨이예요. 저는 지금 고려대학교에서 한국어를 공부하고 있어요.
>
> ✏️ 내 이름은 왕웨이이다. 나는 지금 고려대학교에서 한국어를 공부하고 있다.

① 🔊 요즘 이사할 집을 찾고 있어요. 학교에서 가깝고 월세가 싼 집을 구하고 싶어요.

✏️ _____

② 🔊 새로 옮긴 회사는 집에서 멀어요. 그래서 출근 시간이 오래 걸려요.

✏️ _____

③ 🔊 밖에 바람이 많이 불어요. 내일은 오늘보다 더 추울 것 같아요.

✏️ _____

_____

④ 🔊 제 취미는 음악을 듣는 거예요. 음악을 들으면서 청소도 하고 책도 읽어요.

✏️ _____

_____

⑤ 🔊 교통비를 아끼려는 사람들은 택시를 많이 타지 않아요. 가까운 거리는 주로 걸어요.

✏️

⑥ 🔊 대학 입학 준비 때문에 이번 방학에도 고향에 못 가요. 부모님께서 저를 너무 만나고 싶어 하세요.

✏️

과거			▼ 🔍
동사 형용사	'ㅏ/ㅗ'일 때	-았다	놀았다, 작았다
	'ㅏ/ㅗ'가 아닐 때	-었다	먹었다, 적었다
	'하다'일 때	-였다	필요하였다 → 필요했다
명사	받침이 있을 때	이었다	학생이었다
	받침이 없을 때	였다	가수였다

1) 가계부를 쓰고 나서 생활비를 많이 줄일 수 있었다. 그래서 이번 달에도 돈이 조금 남았다.

2) 예전에는 사람들이 현금을 많이 사용했다. 요즘은 모바일 카드를 사용하는 사람이 많아졌다.

3) 내가 한국에 처음 왔을 때는 가을이었다. 고향보다 날씨가 추워서 많이 힘들었다.

4) 지난주는 휴가였다. 나는 친구들과 유명한 관광지에 가서 맛있는 음식도 먹었다. 정말 재미있었다.

5) 요즘에 핸드폰을 보느라고 책을 전혀 읽지 않았다. 앞으로는 하루에 30분 이상 책을 읽기로 했다.

2 다음과 같이 바꿔 써 봐요.

한국에 온 지 반년이 지났어요. 한국 친구가 많이 생겼어요. 그리고 한국어도 잘하게 되었어요.

한국에 온 지 반년이 지났다. 한국 친구가 많이 생겼다. 그리고 한국어도 잘하게 되었다.

① 지금까지 부모님한테서 용돈을 받아서 생활했어요. 빨리 돈을 벌어서 부모님께 용돈을 드리고 싶어요.

② 고향에 있을 때는 돈을 아껴 쓰지 않았어요. 사고 싶은 게 있으면 바로 사는 편이었어요.

③ 한국의 겨울이 이렇게 추울 줄 몰랐어요. 그래서 겨울옷을 거의 가지고 오지 않았어요.

④ 제주도는 오랫동안 외국인에게 많은 사랑을 받는 여행지였어요. 요즘도 인기가 많아요.

⑤ 🔊 집 근처에 자주 가던 식당이 문을 닫았어요. 맛도 있고 음식값도 싸서 좋아했는데 너무 아쉬워요.

✏️ _____

_____

⑥ 🔊 갑자기 날씨가 이상해졌어요. 하늘에 구름이 잔뜩 끼었어요. 곧 비가 내릴 것 같아요.

✏️ _____

_____

예정이나 계획, 추측			▼ 🔍

동사 형용사	받침이 있을 때	-을 것이다	먹을 것이다
	받침이 없거나 'ㄹ' 받침일 때	-ㄹ 것이다	흐릴 것이다 벌 것이다
명사	받침이 있을 때	일 것이다	학생일 것이다
	받침이 없을 때		의사일 것이다

1) 앞으로는 돈이 생기면 제일 먼저 저축을 할 것이다. 저축을 하고 남은 돈으로 생활해 보려고 한다.

2) 돈을 펑펑 쓰는 것도 아닌데 생활비가 늘 부족하다. 앞으로는 계획을 세워서 돈을 쓸 것이다.

3) 수업에 집중하려면 아침을 먹는 것이 좋다. 그래서 앞으로는 아침을 꼭 먹을 것이다.

4) 다음 달에 친구들과 유럽에 가려고 한다. 우리는 유명한 관광지를 구경할 것이다. 재미있었으면 좋겠다.

5) 눈이 많이 내린다. 기온이 낮아서 눈은 금방 [얼] 것이다. 그러면 길도 많이 미끄러울 것이다.

↳ 얼다 freeze 冻, 结冰

3 다음과 같이 바꿔 써 봐요.

> 🔊 저는 앞으로 작가가 될 거예요. 그래서 책도 많이 읽고 글 쓰는 연습도 많이 할 거예요.
>
> ✏️ 나는 앞으로 작가가 될 것이다. 그래서 책도 많이 읽고 글 쓰는 연습도 많이 할 것이다.

① 🔊 내일은 제 첫 월급날이에요. 월급을 받으면 먼저 저축부터 할 거예요.

✏️ _____

② 🔊 주말부터 백화점에서 할인 행사를 할 거예요. 물건을 싸게 구입할 수 있을 거예요.

✏️ _____

③ 🔊 비가 그치면 기온이 많이 내려갈 거예요. 내일 아침에는 얼음이 어는 곳도 있을 거예요.

✏️ _____

④ 🔊 저는 춤추는 것을 좋아해요. 그래서 댄스 동아리에 가입하려고 해요. 여러 사람이 같이 춤을 추면 훨씬 더 재미있을 거예요.

✏️ _____

한 번 더 연습해요

1 다음 대화를 들어 보세요.

1) 두 사람은 지금 무엇에 대해 이야기를 해요?

2) 하준 씨는 어디에 돈을 제일 많이 써요?

2 다음 대화를 연습해 보세요.

 하준 씨는 생활비를 어떻게 마련해요?

부모님께 용돈을 받아요.

 그럼 관리는 어떻게 해요?

돈을 낭비하지 않으려고 가계부를 써요.

 어디에 생활비를 제일 많이 써요?

식비에 제일 많이 쓰는 것 같아요.

 문화생활비도 많이 써요?

친구들하고 맛있는 거 사 먹느라고 문화생활은 거의 못 해요.

3 여러분도 이야기해 보세요.

1)

나	아르바이트를 하다
	생활비를 줄이다, 필요한 물건만 사다
	월세
	월세를 내다

2)

나	용돈을 받다, 아르바이트를 하다
	충동구매를 하지 않다, 계획을 세워서 돈을 쓰다
	교육비
	학비를 내다

 이제 해 봐요

들어요

1 다음은 소비 습관에 대한 두 사람의 대화입니다. 잘 듣고 질문에 답해 보세요.

1) 남자의 소비 습관으로 알맞은 것을 고르세요.

① 가격을 비교해서 싼 물건만 구입한다.

② 계획을 세워서 필요한 곳에 돈을 쓴다.

③ 필요 없는 물건도 충동적으로 살 때가 많다.

2) 들은 내용과 같으면 ◯, 다르면 ✗에 표시하세요.

① 남자는 부모님한테서 용돈을 받는다.　　　　◯　✗

② 남자는 중고품이 아닌 새 오토바이를 사려고 한다.　◯　✗

읽어요

1 다음을 잘 읽고 질문에 답해 보세요.

> 늘다 increase 增加

　수입은 정해져 있는데 돈을 써야 할 곳은 계속 는다. 이럴 때 좀 더 깊이 생각하고 부지런하게 움직이면 지출을 줄여서 돈을 모을 수 있는 방법이 있다.

　첫 번째는 식비를 줄이는 것이다. 가장 좋은 방법은 외식이나 음식 구매 비용을 줄이는 것인데 특히 음식 배달 앱의 이용을 줄여야 한다. 배달 앱을 이용하게 되면 평소에 먹는 것보다 많은 음식을 시키게 되고 음식값에 배달 요금까지 더해져 돈을 많이 쓰게 된다. 조금은 불편하고 힘들어도 직접 음식을 해 먹으면 식비를 반 이상 아낄 수 있다.

　두 번째는 (　　◯　　). 충동적으로 물건을 사지 않으려면 계획을 세워서 소비하는 습관을 길러야 한다. 그리고 사고 싶은 물건이 있을 때 바로 사지 않고 구매를 조금 미루는 것도 좋은 방법이다. 이렇게 하면 물건을 사는 이유에 대해 더 생각하게 되어 충동구매를 줄일 수 있다.

1) 무엇에 대한 글이에요? 글의 제목을 쓰세요.

2) ㉠에 들어갈 알맞은 말을 쓰세요.

1 생활비 관리 방법과 소비 습관에 대해 이야기해 보세요.

1) 여러분은 생활비를 어떻게 마련해요?

2) 생활비를 어디에 제일 많이 쓰고 어디에 제일 적게 써요? 한 달에 얼마쯤 써요?

3) 여러분의 소비 습관은 어때요? 계획적으로 쓰는 편이에요? 충동적으로 쓰는 편이에요?

4) 자신의 소비 습관 중 고치고 싶은 것이 있어요? 무엇이에요? 왜 그렇게 생각해요?

5) 자신의 소비 습관 중 다른 사람에게 추천하고 싶은 것이 있어요? 무엇이에요? 왜 그렇게 생각해요?

1 자신의 생활비 관리 방법과 소비 습관에 대해 써 보세요.

써요

1) 말하기에서 이야기한 내용을 바탕으로 글을 쓰세요. 이때 문어의 특징이 드러나게 쓰세요.

문화 할인 카드와 쿠폰

● 다음은 물건을 살 때 같이 사용하면 좋은 카드입니다. 여러분은 이런 카드가 있습니까?

할인 카드는 물건을 살 때에 할인을 해 주는 카드이고 포인트 카드는 사용할 때마다 포인트(점수)가 쌓이는 카드입니다.

한식 전문점
KU의 저녁밥상 할인쿠폰

음료 무료
한정식 무료

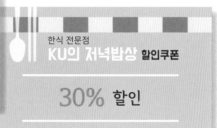

한식 전문점
KU의 저녁밥상 할인쿠폰

30% 할인

쿠폰은 물건을 살 때마다 도장을 받거나 표를 받아서 나중에 현금처럼 사용할 수 있는 종이를 말합니다.

● 이런 카드를 쓸 때 들어야 하는 표현을 확인하십시오.

- "포인트 카드나 할인 카드 있으세요?"
- "적립하시겠어요?"
- "쿠폰 있으시면 찍어 드릴게요."

● 여러분의 나라에도 이런 것들이 있습니까?

자기 평가

이번 과 공부는 어땠어요? 별점을 매겨 보세요!

| 생활비 관리나 소비 습관에 대해 이야기할 수 있어요? | ☆ ☆ ☆ ☆ ☆ |

정답

6과 생활용품 구입

들어요

1) 남자 – 성능

   여자 – 가격

2) ③

읽어요

1) 디자인

2) 성능

7과 내게 특별한 사람

들어요

1) ③

2) 뭐든지 열심히 해서

읽어요

1) 조용한 사람

2) ②

8과 일상의 변화

들어요

1) ①

2) ③

읽어요

1) ②

2) ②

9과 당황스러운 일

들어요

1) 지갑이 없어져서

2) ②

읽어요

1) 특별한 이벤트를 해 주고 싶은 생각

2) ① ✕   ② ✕

10과 생활비 관리

들어요

1) ②

2) ① ○   ② ○

읽어요

1) 돈을 모으는 방법

2) 충동구매를 하지 않는 것이다

듣기 지문

6 과 생활용품 구입

061 생각해 봐요

바트 이것보다 이게 더 비싼데 뭐가 달라요?

점원 이쪽 제품이 성능도 더 좋고요, 가벼워서 사용하기도 편하실 거예요.

바트 그래요? 그럼 이걸로 해야겠네요.

062 한 번 더 연습해요

점원 이 전자레인지는 어떠세요?

  기능이 다양해서 요즘 가장 인기가 많아요.

다니엘 이건 사용하기 불편할 것 같으니까

  다른 것도 좀 보여 주시겠어요?

점원 그럼 이건 어떠세요?

  실용적이라서 사용하기 편하실 거예요.

다니엘 이게 마음에 드네요. 이걸로 할게요.

063 이제 해 봐요

여 어, 노트북 새로 샀어요?

남 네.

여 저 좀 봐도 돼요?

남 네.

여 진짜 가볍네요. 이거 비싸겠어요?

남 네. 성능 좋고 가벼운 걸로 사려니까 좀 비싸더라고요.

여 그래요? 저도 노트북 사야 하는데 이건 못 사겠네요. 저는 성능보다 가격이 중요하거든요. 노트북 성능은 다 비슷하지 않아요?

남 저도 그럴 줄 알고 지난번에 가격만 보고 샀는데 써 보니까 아니더라고요. 너무 저렴한 것을 사니까 고장도 자주 나고, 무엇보다 무거워서 가지고 다니기 불편했어요. 노트북 사서 집에서만 쓸 거예요?

여 그건 아니죠. 학교에도 자주 가지고 다녀야 되는데.

남 그러니까요. 그래도 가격이 중요하면 인터넷에서 알아보세요. 할인 상품도 많더라고요.

여 그래요? 그럼 인터넷 검색부터 해 봐야겠네요.

7 과 내게 특별한 사람

071 생각해 봐요

두엔 어, 저기 봐! 제이 사진으로 바뀌었어.

줄리 그러네. 지난번 콘서트 때 사진이네.

두엔 그래. 우리 그때 거기 있었잖아.

072 한 번 더 연습해요

지아 카밀라, 한국 사람하고 사귀어 본 적이 있어?

카밀라 응, 사귀어 본 적 있어.

지아 어떻게 사귀게 됐어?

카밀라 SNS로 알게 되었는데 자주 이야기하다 보니 사귀게 됐어.

073 이제 해 봐요

남 대리님, 컴퓨터 화면이? 이거 가수 엘리 아니에요? 엘리 좋아하세요?

여 네. 저 팬클럽에도 가입한 진짜 팬이에요. 다음 달에 첫 콘서트가 있는데 거기도 갈 거고요.

남 그러세요? 연예인들한테 전혀 관심 없는 줄 알았어요.

여 그랬죠. 전에는. 콘서트에 가 본 적도 없고. 지금은 엘리가 제 삶의 기쁨이에요.

남 뭐가 그렇게 좋아요? 예쁘고 귀여워서?

여 그런 것도 있지만 뭐든지 열심히 하는 모습에 반했어요. 우연히 티브이를 보는데, 어떤 여자 중학생이 너

무 열심히 춤 연습을 하는 거예요. 처음에는 정말 못
췄는데 며칠 지나니까 제일 잘하더라고요. 감동이었
죠. 그 후 가수로 데뷔도 하고 영화도 찍고….

남 그럼, 가수 데뷔 전부터 알고 계신 거네요.

여 그런 거죠. 저도 이렇게 연예인에게 푹 빠질 줄 몰랐
어요. 그래도 보고 있으면 행복해지고 자꾸 웃게 되니
까 안 좋아할 수가 없어요.

8과 일상의 변화

(081) 생각해 봐요

다니엘 여기 정말 오랜만에 왔어요. 그런데 많이 변했네요.

지아 그렇죠? 새로 생긴 건물도 많고.
저기도 전에는 서점이었잖아요. 이제 식당으로 바뀌
었어요.

(082) 한 번 더 연습해요

두엔 이 의자 새로 만들었어요?

하준 전에 있던 것이 너무 낡았거든요.
새로 만들어 봤는데 어때요?

두엔 멋있고 세련돼 보여요.

(083) 이제 해 봐요

여 다나카 씨, 진짜 오랜만이에요. 그동안 잘 지냈어요?

남 네, 선생님. 선생님도 잘 지내셨죠? 선생님은 하나도
안 변하셨네요.

여 그래요? 다나카 씨는 이렇게 정장을 입고 있으니까
정말 달라 보여요. 우리 마지막으로 본 게 언제죠? 5
년 전인가?

남 맞아요. 제가 대학교 졸업할 때 인사드렸으니까요.
학교도 너무 많이 바뀌었네요. 자주 가던 카페도 없어
졌더라고요.
이 식당만 그대로인 것 같아요.

여 그렇죠? 한국어센터 건물도 새로 생겼어요. 가 본 적
없죠?

남 네. 이야기는 많이 들었는데. 가 보고 싶어요.

여 보면 깜짝 놀랄 거예요. 다나카 씨 다니던 때와 많이
달라져서요.
밥 먹고 한번 가 볼래요?

남 네, 좋아요.

9과 당황스러운 일

(091) 생각해 봐요

줄리 어? 내 휴대폰 어디 갔지? 조금 전에 있었는데.

하준 잘 찾아봐.

줄리 가방 안에도 없어.

(092) 한 번 더 연습해요

웨이 왜 그래? 무슨 일이야?

두엔 노트북이 고장 났나 봐. 안 켜져.

웨이 어쩌다가 그랬어?

두엔 커피를 마시다가 쏟았어.

웨이 어떡해. 조금 있다가 다시 켜 봐.

(093) 이제 해 봐요

남 어? 내 지갑이 안 보여. 어디 갔지?

여 뭐? 아까 식당에 두고 온 거 아냐?

남 아니야. 아까 계산할 때는 있었거든.

여 그럼 카페에서는?

남 아, 맞다! 커피 사고 거기에 두고 왔나 봐.

여 그럼 빨리 카페에 전화해 봐.

남 전화번호를 몰라. 그냥 내가 빨리 다시 갔다 올게.

〈잠시 후〉

여2 어서 오세요. 주문하시겠어요?

남 저기 혹시 지갑 못 보셨어요? 아까 두고 온 것 같아
서요.

여2 혹시 이 까만색 지갑이에요?

남 네, 맞아요. 감사합니다.

10과 생활비 관리

(101) 생각해 봐요

웨이 이번 달에도 생활비를 백만 원 넘게 썼어요.

다니엘 어디에 그렇게 많이 썼어요?

웨이 식비죠, 뭐. 혼자 사니까 주로 밖에서 사 먹게 되더라고요.

(102) 한 번 더 연습해요

바트 하준 씨는 생활비를 어떻게 마련해요?

하준 부모님께 용돈을 받아요.

바트 그럼 관리는 어떻게 해요?

하준 돈을 낭비하지 않으려고 가계부를 써요.

바트 어디에 생활비를 제일 많이 써요?

하준 식비에 제일 많이 쓰는 것 같아요.

바트 문화생활비도 많이 써요?

하준 친구들하고 맛있는 거 사 먹느라고 문화생활은 거의 못 해요.

(103) 이제 해 봐요

여 너 요즘 왜 이렇게 아르바이트를 많이 해? 생활비가 많이 들어서?

남 생활비는 언제나 많이 들지. 근데 생활비는 부모님이 주신 돈으로 쓰고 있어서 괜찮아.

여 그럼 왜 하는데?

남 실은 오래 전부터 사고 싶은 게 있어서. 나 오토바이 살 거야.

여 오토바이?

남 응, 예전부터 사고 싶었거든.

여 그런 데 관심이 있는 줄 몰랐네.

남 오토바이를 타고 달리는 게 내 꿈이었거든. 근데 부모님은 오토바이 타는 걸 별로 안 좋아하셔서 내가 돈을 모아서 사려고.

여 오토바이도 좋은 것은 많이 비싸지? 중고 오토바이로 살 거야?

남 처음에는 중고도 알아봤는데 고장이 자주 난대서 새 걸로 사려고 해. 앞으로 세 달 정도 더 모으면 살 수 있을 것 같아.

여 오, 생각보다 계획적인데? 나중에 사면 한번 보여 줘.

발음

7과 한국어의 억양

(074) 가 영민이는 민영이를 좋아해요.

나 현영이는 상민이를 사랑해요.

(075) 1) 나는 민영이를 좋아해요.

2) 우리는 민영이를 좋아해요.

3) 상민이는 현영이를 사랑해요.

4) 선생님하고 친구들하고 함께 가요.

5) 나는 어렸을 때부터 한국어를 좋아했어요.

9과 소리 내어 읽기 2

(094) 전보다 큰 집으로 이사를 가면서 그동안 써 오던 물건들을 바꾸기로 했다. 먼저 오래 써서 많이 낡은 가구를 바꿨는데 침대와 책장, 책상과 의자를 모두 새로 샀다. 가전제품은 냉장고와 에어컨은 전에 쓰던 것을 그대로 가져갔고 세탁기와 가스레인지, 전자레인지를 새로 구입했다. 인터넷에서 요즘 인기 있는 상품과 가격을 알아본 후 구입은 집 근처 대형 할인마트를 이용했다. 직접 가서 눈으로 보고 만져 본 후 결정했다. 마침 특별 할인 기간이라서 가격도 아주 저렴했고 배송과 설치도 무료로 해 주어서 아주 편리했다. 새로운 집에 새 가구와 새 물건들이 많아지니 남의 집에 있는 것처럼 조금 낯설기도 하다. 앞으로 펼쳐질 생활에 기대가 크다.

어휘 찾아보기 (단원별)

6과

• 생활용품

냉장고, 세탁기, 에어컨, 선풍기, 청소기, 전기스탠드, (헤어)드라이어, 전자레인지, 전기 주전자, 이불, 베개, 슬리퍼, 쓰레기통, 옷걸이, 빨래 건조대, 프라이팬, 냄비, 접시, 그릇, 텀블러, 숟가락, 젓가락

• 제품의 특징

성능이 좋다, 기능이 다양하다, 고장이 잘 안 나다, 에이에스(AS)가 잘되다, 튼튼하다, 오래 쓸 수 있다, 조립하기 쉽다, 옮기기 쉽다, 배달이 되다, 세탁이 가능하다, 유행하는 스타일이다, 사용하기/쓰기 편하다, 실용적이다, 저렴하다, 디자인이 예쁘다, 가볍다, 가지고 다니기 좋다, 할인을 하다, 배송이 빠르다

• 새 단어

필요하다, 종류, 찬물, 인기, 반품, 데

7과

• 인간관계 1

친한/아는 선배, 후배, 형, 누나, 오빠, 언니, 동생, 사귀는 사람, 만나는 사람, 초등학교 동창, 그냥 아는 사람, 내가 좋아하는 배우, 모르는 사람

• 인간관계 2

친구 사이, 동아리 선후배 사이, 사귀는 사이, 결혼할 사이, 형제/자매, 고등학교 동창

• 만남과 헤어짐

친구 소개로, 소개팅으로, SNS로, 동아리에서, 우연히, 친해지다, 늘 붙어 다니다, 첫눈에 반하다, 사랑에 빠지다, 짝사랑을 하다, 사귀게 되다, 싸우다, 헤어지다, 차이다, 연락이 끊기다, 자연스럽게 멀어지다, 완전히 끝나다

• 좋아하는 사람의 특징

이야기가 잘 통하다, 생각이 비슷하다, 취향이 비슷하다, 나하고 잘 맞다, 나하고 다르다, 나한테 잘해 주다, 그냥 좋다, 외모가 마음에 들다, 목소리가 좋다, 옷을 잘 입다, 말을 재미있게 하다, 매력이 넘치다, 사랑스럽다, 어른스럽다

• 새 단어

고백하다, 당연하다, 연예인, 관심을 갖다, 속상하다

8과

• 외적 변화

건물이 생기다, 창문을 만들다, 건물이 없어지다, 창문을 없애다, 모양이 바뀌다, 스타일이 달라지다, 분위기를 바꾸다, 머리 모양을 바꾸다, 머리를 자르다, 커트하다, 파마하다, 염색하다, 피부가 좋아지다, 화장을 하다, 수염을 기르다, 수염을 깎다, 면도를 하다

• 변화의 느낌

깔끔하다, 지저분하다, 새롭다, 낡다, 오래되다, 간단하다, 복잡하다, 세련되다, 촌스럽다, 어리다, 젊다, 나이가 들다, 늙다

• 새 단어

인테리어, 친절하다, 집중하다, 렌즈를 끼다, 공사, 교과서

9 과

당황스러운 일

넘어지다, 부딪히다, 부러지다, 찢어지다, 교통사고가 나다, 버스를 놓치다, 도둑을 맞다, 두고 오다, 놓고 오다, 떨어뜨리다, 쏟다, 고장이 나다

고장

깨지다, 막히다, 끊기다, 멈추다, (안) 열리다, (안) 닫히다, (안) 켜지다, (안) 꺼지다, (안) 나오다, 잘 (안) 들리다, 잘 (안) 보이다

새 단어

정신을 차리다, 졸리다, 바닥, 충전하다, 확인하다, 참다, 이벤트

10 과

수입과 지출

돈을 벌다, 월급, 아르바이트비, 용돈, 돈을 쓰다, 현금, 체크 카드, 신용 카드, 돈을 아끼다, 포인트 적립, 할인 쿠폰, 중고품 구입, 돈을 모으다, 저축, 통장, 수입을 늘리다, 지출을 줄이다

생활비 항목

식비, 의류 구입비, 생필품 구입비, 교육비, 학비, 수업료, 의료비, 병원비, 보험료, 문화생활비, 게임비, 영화 관람비, 교통비, 지하철/버스/택시 요금, 기름값, 통신비, 휴대폰 요금, 인터넷 요금, 공공요금, 전기 요금, 수도 요금

소비 습관

계획을 세워서 돈을 쓰다, 가격을 비교해 보고 사다, 가계부를 쓰다, 저축을 먼저 하다, 신용 카드를 쓰지 않다, 돈을 펑펑 쓰다, 낭비하다, 충동구매를 하다

새 단어

마련하다, 하품, 얼다, 늘다

어휘 찾아보기 (가나다순)

문법 찾아보기

6과

-(으)ㄴ/는/(으)ㄹ 줄 알다/모르다 ▼ 🔍

- 말하는 사람이 그렇게 생각하거나 그렇게 생각하지 못함을 나타낸다.

  It indicates that the speaker assumes or does not assume about something or someone.

  表示说话的人会那样想或不会那样想。

- 동사에 붙일 때는 다음과 같이 활용한다.

동사	현재	받침 ○	읽다 → 읽는 줄 알다/모르다
		-는 줄 알다/모르다	
		받침 × ㄹ받침	보다 → 보는 줄 알다/모르다 살다 → 사는 줄 알다/모르다
동사	과거	받침 ○	읽다 → 읽은 줄 알다/모르다
		-은 줄 알다/모르다	
		받침 × ㄹ받침	보다 → 본 줄 알다/모르다 살다 → 산 줄 알다/모르다
		-ㄴ 줄 알다/모르다	
동사	예정 이나 계획, 추측	받침 ○	읽다 → 읽을 줄 알다/모르다
		-을 줄 알다/모르다	
		받침 × ㄹ받침	보다 → 볼 줄 알다/모르다 살다 → 살 줄 알다/모르다
		-ㄹ 줄 알다/모르다	

가 우리 저녁에 삼겹살 먹으러 가요. 제가 아주 맛있는 식당을 예약했거든요.

나 삼겹살요? 저는 돼지고기를 못 먹는데 어쩌지요?

가 어머, 미안해요. 민수 씨가 돼지고기를 못 먹는 줄 몰 랐어요.

- 형용사에 붙일 때는 그 상태를 확신하는 경우에는 '-(으)ㄴ 줄 알다/모르다'를 붙이고 확신하지 못하는 경우에는 '-(으)ㄹ 줄 알다/모르다'를 붙인다.

  When attached to adjectives, -(으)ㄴ 줄 알다/모르다 is used when the speaker is sure that the preceding word is true, and if not, -(으)ㄹ 줄 알다/모르다 is used.

  在跟形容词一起使用时，如果确信其状态，使用 -(으)ㄴ 줄 알다/모르다；如果无法确信，则使用 -(으)ㄹ 줄 알다/모르다。

가 닭갈비 너무 맵지 않아요?

나 저는 닭갈비가 매울 줄 알았는데 생각보다 안 매운 데요.

-(으)ㄹ 줄 알다/모르다 ▼ 🔍

- 동사에 붙어 능력이 있거나 없음을 나타낸다.

  When placed after a verb, it conveys the meaning that one knows or does not know how to do the action.

  与动词一起使用，表示有能力或没有能力。

가 운전할 줄 알아요?

나 아니요, 운전할 줄 몰라요.

-더라고요 ▼ 🔍

- 과거의 어느 때에 자신이 직접 보거나 느낀 것을 그때의 느낌을 살려서 상대에게 전달하는 것처럼 말할 때 사용한다.

  It is used to deliver the speaker's firsthand observation or awareness that he/she had in a moment in the past in the self-quotation form.

  为了表达像是将过去某个时间自己曾亲眼所见或亲身感受到的感觉原封不动地传达给对方一样时使用。

| 동사
형용사 | 받침 ○ | -더라고요 | 좋다 → 좋더라고요 |
| | 받침 ×
ㄹ받침 | | 자다 → 자더라고요
살다 → 살더라고요 |

가 어제 백화점에 갔는데 할인을 정말 많이 하더라고요.

나 그래요? 그래서 뭐 샀어요?

● 과거의 어느 때에 이미 끝난 일에 대해서는 '-았더라고요'를 사용한다.

-았더라고요 is used to indicate that something has already finished or completed and does not occur currently.

对过去某个时候已经结束的事情使用 -았더라고요。

가 동아리 가입 신청했어요?

나 못 했어요. 모집 기간이 벌써 끝났더라고요.

-(으)니까 ▼ 🔍

1

● 앞의 내용이 뒤의 내용에 대한 이유나 판단의 근거임을 나타낸다.

It indicates that the preceding clause is the reason for or cause of the subsequent clause.

表示前面的内容是后面内容的理由或判断的根据。

| 동사
형용사 | 받침 ○ | -으니까 | 읽다 → 읽으니까 |
| | 받침 ×
ㄹ받침 | -니까 | 바쁘다 → 바쁘니까
놀다 → 노니까 |

가 김치찌개는 매우니까 설렁탕이나 갈비탕을 드세요.

나 김치찌개 먹을게요. 이제는 매운 음식도 잘 먹거든요.

● '-(으)니까' 뒤에는 명령문이나 청유문 또는 말하는 사람의 의지, 바람, 추측 등을 나타내는 문장이 주로 온다.

-(으)니까 is mainly followed by an imperative, a propositive, or sentences that express the speaker's intent, desire, or presumption.

-(으)니까 后面多以命令句、共动句或表示说话人意志、愿望、推测等的句子出现。

2

● 앞 내용의 결과로 뒤의 사실을 알게 되었음을 나타낸다.

It shows that the speaker comes to realize the content in the subsequent clause as a result of the preceding clause.

表示通过前面内容的结果知道了后面的事实。

가 놀이공원은 재미있었어요?

나 주말에 가니까 사람이 너무 많았어요. 그래서 제대로 놀지도 못 했어요.

말고

● '말고'는 명사 뒤에 쓰여 '아니고'의 의미를 나타내요.

말고, added after nouns, means "not."

말고 用在名词后面，表示"아니고"的意思。

-아야겠다

● '-아야겠다'는 동사 뒤에 붙어 말하는 사람의 결심, 의지를 나타내거나 듣는 사람에게 부드럽게 권유할 때 사용해요.

-아야겠다 attached to verbs is used to show the speaker's determination, intent, or suggestion to the listener in a gentle way.

-아야겠다 用于动词之后，表示说话人的决心、意志或对听者进行温柔劝导时使用。

7과

-(으)ㄴ 적이 있다/없다 ▼ 🔍

● 경험이 있거나 없음을 나타낸다.

It expresses whether or not one has had that particular past experience.

表示有经验或没有经验。

| 동사 | 받침 ○ | -은 적이
있다/없다 | 먹다
→ 먹은 적이 있다/없다 |
| | 받침 ×
ㄹ받침 | -ㄴ 적이
있다/없다 | 보다
→ 본 적이 있다/없다
살다
→ 산 적이 있다/없다 |

가 한국에 온 후에 물건을 잃어버린 적이 있어요?

나 네, 지갑을 잃어버린 적이 있어요.

● '-아/어/여 보다'와 같이 써서 '-아/어/여 본 적이 있다/없다'로 사용하기도 한다.

가 부산에 가 본 적이 있어요?

나 아니요, 가 본 적이 없어요.

- '-아/어/여 보다'는 스스로의 의지를 가지고 한 경험에 주로 사용하지만 '-(으)ㄴ 적이 있다/없다'는 그렇지 않은 경험에도 사용할 수 있다.

  -아/어/여 보다 can be used only for the speaker having had a particular experience as he/she had the intention to do the act while -(으)ㄴ 적이 있다/없다 can be used for doing something regardless of intention.

  -아/어/여 보다 只能用于建立在自身意志之上的经历，但 -(으)ㄴ 적이 있다/없다 也可以用于并非自身意志的经历。

  저는 어릴 때 심하게 다친 적이 있어요.

-다 보니까 ▼ 🔍

- 앞의 행동이 반복되거나 상태가 심해진 결과로 뒤의 내용이 되었음을 나타낸다.

  It indicates something in the subsequent clause occurs as a result of a continuous action or state in the preceding clause.

  表示前面行为的反复或状态加剧的结果，导致了后面的内容。

동사 형용사	받침 ○	-다 보니까	먹다 → 먹다 보니까
	받침 × ㄹ받침		크다 → 크다 보니까 만들다 → 만들다 보니까

가 슬기 씨는 발표를 정말 잘하는 것 같아요.

나 저도 처음에는 잘 못했는데 계속 연습하다 보니까 잘하게 된 거예요.

가 수지 씨, 오랜만이에요. 그동안 잘 지냈어요?

나 네, 덕분에요. 바쁘다 보니 연락도 못 했네요.

-대요 ▼ 🔍

- 다른 사람에게서 들은 내용을 전달할 때 사용한다.

  It is used to deliver information that you have heard from someone else.

  用于转达从别人那里听到的内容。

현재

동사	받침 ○	-는대요	먹다 → 먹는대요
	받침 × ㄹ받침	-ㄴ대요	가다 → 간대요 만들다 → 만든대요

형용사	받침 ○	-대요	많다 → 많대요
	받침 × ㄹ받침		크다 → 크대요 길다 → 길대요

명사	받침 ○	이래요	학생이다 → 학생이래요
	받침 ×	래요	가수이다 → 가수래요

가 마이클 씨가 한국 음식을 좋아할까요?

나 마이클 씨한테 물어봤는데 한국 음식을 아주 좋아 한대요.

가 일기예보 봤어요? 내일 비 온대요?

나 비는 안 오는데 춥대요.

가 저 사람 연예인이에요?

나 아직 아니래요. 준비 중이래요.

과거

동사 형용사	ㅏ, ㅗ ○	-았대요	놀다 → 놀았대요
	ㅏ, ㅗ ×	-었대요	크다 → 컸대요
	하다	-였대요	따뜻하다 → 따뜻했대요

명사	받침 ○	이었대요	학생이다 → 학생이었대요
	받침 ×	였대요	가수이다 → 가수였대요

가 수지 씨는 왜 학교에 안 왔대요?

나 머리가 많이 아팠대요. 그래서 병원에 갔다 왔대요.

가 우리 저 영화 볼래? 마이클 씨가 어제 봤는데 아주 재미있었대.

나 그래, 그러자.

예정이나 계획, 추측

동사 형용사	받침 ○	-을 거래요	춥다 → 추울 거래요
	받침 × ㄹ받침	-ㄹ 거래요	가다 → 갈 거래요 만들다 → 만들 거래요

명사	받침 ○	일 거래요	회장이다 → 회장일 거래요
	받침 ×		총무이다 → 총무일 거래요

가 소라 씨가 다음 달에 고향에 갈 거래요.

나 그래요? 그럼 언제 돌아올 거래요?

가 저 사람은 직업이 뭐래요?

나 수미 씨가 그러는데 아마 작가일 거래요.

밖에

- '밖에'는 명사에 붙어 그것이 유일함을 나타내요. '밖에' 뒤에는 '안', '못', '없다', '모르다'와 같은 표현이 주로 와요.

  밖에, used after a noun, indicates that there are no options other than the noun. 안, 못, 없다, 모르다 usually comes after 밖에.

  밖에 用于名词之后，表示其唯一性。밖에 后面主要接 안、못、없다、모르다 等 表达方式使用。

처럼

- '처럼'은 명사에 붙어 비유나 비교의 대상을 나타내요.

  처럼 is a particle that attaches to nouns and is used to compare or equate things.

  처럼 跟名词一起使用，用来表示比喻或比较的对象。

8과

-던

- 뒤에 오는 명사를 수식한다. 과거에 그 동작이 반복적으로 이루어졌거나 그 상태가 지속되었음을 나타낸다.

  It modifies an upcoming noun. It is used for a repeated action or a situation that continued for a while in the past.

  修饰后面的名词。表示过去该动作的反复发生或该状态一直持续。

동사	받침 ○	-던	입다 → 입던 재미있다 → 재미있던
형용사	받침 × ㄹ받침		만나다 → 만나던 놀다 → 놀던

가 외국 생활을 오래 해서 한국에 친구들이 별로 없겠어요?

나 네, 맞아요. 친하던 친구들도 모두 연락이 안 돼요.

가 이거 제가 어릴 때 자주 마시던 음료수인데 한번 드셔 보세요.

나 음, 맛있네요. 이 음료수는 이름이 뭐예요?

- 동작이 과거의 어느 때까지 진행되다가 중단되었음을 나타내기도 한다.

  It can also represent an action that was repeated continuously and then suspended in the past.

  也可以表示动作进行到过去的某一时间后中断。

가 어, 내가 마시던 커피 어디 갔지?

나 미안해요. 다 마신 줄 알고 제가 버렸어요.

-아/어/여 보이다

- 대상을 그렇게 생각함을 나타낸다.

  It expresses one's feelings or conjecture of someone or something.

  表示如何看待对方。

형용사	ㅏ, ㅗ ○	-아 보이다	크다 → 커 보다
	ㅏ, ㅗ ×	-어 보이다	넓다 → 넓어 보이다
	하다	-여 보이다	깨끗하다 → 깨끗해 보이다

가 휴대폰 케이스를 파란색으로 바꿨는데 어때요?

나 그렇게 하니까 더 시원해 보이네요.

-아/어/여 있다

- 어떤 동작이 끝난 후 그 상태가 지속됨을 나타낸다.

  It indicates the continued state of a completed action.

  表示某种动作结束后其状态会持续。

동사	ㅏ, ㅗ ○	-아 있다	앉다 → 앉아 있다
	ㅏ, ㅗ ×	-어 있다	서다 → 서 있다

가 안내문이 어디에 있어요?

나 저기 게시판에 붙어 있을 거예요.

가 영진이 지금 자고 있을 거 같아. 내일 물어볼까?

나 아냐. 조금 전에 봤을 때 깨어 있었어.

9과

-다가

1

- 앞의 내용이 뒤의 내용의 원인이나 근거가 됨을 나타낸다. 뒤에는 다치거나 잃어버리는 등의 부정적인 사실이나 상황이 주로 온다.

It is used when the preceding statement is the cause or reason for the following statement. The following clause usually contains a negative result or consequence such as getting injured or losing something.

表示前面的内容成为后面内容的原因或根据。后面的内容多为受伤或遗失等负面事实或情况。

| 동사 | 받침 ○ | -다가 | 먹다 → 먹다가 |
| | 받침 ×
ㄹ받침 | | 가다 → 가다가
놀다 → 놀다가 |

가 손이 왜 그래요?

나 요리하다가 좀 다쳤어요.

2

- 어떤 동작이나 상태가 중단되고 다른 동작이나 상태로 바뀜을 나타낸다.

It indicates that a certain action or state has stopped and changed to another action or state.

表示某种动作或状态中断，转换成其他动作或状态。

| 동사
형용사 | 받침 ○ | -다가 | 덥다 → 덥다가 |
| | 받침 ×
ㄹ받침 | | 기르다 → 기르다가
울다 → 울다가 |

가 영화는 재미있었어?

나 아니. 너무 재미없어서 보다가 잤어.

가 오늘 날씨 이상해. 맑다가 갑자기 비가 와.

나 어, 그러네. 금방 그치겠지?

-나 보다/(으)ㄴ가 보다

- 어떤 사실이나 상태에 대한 추측을 나타낸다. 직접 보거나 느낀 것을 근거로 추측할 때 주로 사용한다.

It expresses the speaker's guess about a state or situation. It is mainly used for an objective guess based on what the speaker feels or observes firsthand.

表示对某种事实或状态的推测。主要用于以亲眼所见或亲身感受为依据进行的客观推测。

- 주로 일상 대화에서 사용된다.

동사 있다, 없다	받침 ○	-나 보다	읽다 → 읽나 보다 재미있다 → 재미있나 보다
	받침 × ㄹ받침		가다 → 가나 보다 살다 → 사나 보다
형용사	받침 ○	-은가 보다	많다 → 많은가 보다
	받침 × ㄹ받침	-ㄴ가 보다	크다 → 큰가 보다 멀다 → 먼가 보다
명사	받침 ○	인가 보다	연예인 → 연예인인가 보다
	받침 ×		친구 → 친구인가 보다

가 밖에 비 오나 봐요. 사람들이 다 우산을 쓰고 다녀요.

나 그러네요. 근데 비가 많이 오나 봐요. 우산 안 쓴 사람이 없어요.

가 저 옷이 요즘 유행인가 봐.

나 그런가 봐. 나도 저 옷을 입은 사람 많이 봤어.

- 과거의 어떤 사실이나 상태에 대한 추측을 나타낼 때에는 [동사], [형용사] 뒤에는 '-았나/었나/였나 보다'를 붙이고 [명사] 뒤에는 '이었나/였나 보다'를 붙인다.

When the speaker expresses his/her guess about a fact or situation from the past, -았나/었나/였나 보다 is used after the [동사] or [형용사] or 이었나/였나 보다 after the [명사].

表示对过去某种事实或状态的推测，[동사]、[형용사] 后面使用 -았나/었나/였나 보다、[명사] 后面使用 이었나/였나 보다。

가 저기 교통사고가 크게 났나 봐요.

나 그러게요. 경찰차도 와 있네요.

-(으)ㄹ 뻔하다

- 어떤 일이 일어날 것 같았지만 결국 일어나지 않았음을 나타낸다.

  It shows that something was likely to happen but did not.

  表示像是要发生什么事，但最终没有发生。

동사	받침 ○	-을 뻔하다	쏟다 → 쏟을 뻔하다
	받침 × ㄹ받침	-ㄹ 뻔하다	다치다 → 다칠 뻔하다 울다 → 울 뻔하다

가 어제 친구는 잘 만났어요?

나 네. 그런데 제가 버스를 잘못 타서 못 만날 뻔했어요.

10 과

-느라고

- 앞의 내용이 뒤의 내용에 대한 원인이나 목적임을 나타낸다.

  It indicates that the preceding statement is the reason or purpose of the following statement.

  表示前面的内容是后面内容的原因或目的。

- 주로 'A 하느라고 B 못 하다'처럼 같은 시간에 해야 하는 행동 중 어떤 행동을 선택하여 다른 행동을 할 수 없는 상황이나 'A 하느라고 바쁘다/시간이 없다/힘들다/피곤하다/정신이 없다/잊어버리다' 등과 같은 유형으로 사용된다.

동사	받침 ○	-느라고	먹다 → 먹느라고
	받침 × ㄹ받침		자다 → 자느라고 놀다 → 노느라고

가 내일 모임에 올 거예요?

나 네? 문자하느라고 못 들었어요. 다시 한번 이야기해 줄래요?

가 요즘 어떻게 지내?

나 대학교 입학 준비하느라고 조금 바빠요.

한국어의 문어 Written Korean 韩国语的书面语 (-다)

- 한국어 구어와 문어의 가장 큰 차이는 문말 어미이다. 구어에서는 대화 상대, 대화 상황에 따라 '-어요', '-어', '-습니다' 등의 문말 어미가 사용되고 문어에서는 '-다'가 사용된다.

  One of the biggest differences between verbal and written Korean lies in the sentence-ending suffix. In speech, -어요, -어, -습니다 is used depending on the listener and situation while in written language, -다 is used.

  韩国语口语和书面语的最大差异是句末词尾。口语中根据对话对象、对话情况使用 -어요、-어、-습니다 等句末词尾，而书面语中使用 -다。

- '-다'는 어떤 사건이나 상태를 서술하는 기능을 한다.

  -다 functions to describe a certain event or state.

  -다 具有叙述某一事件或状态的功能。

   나는 부모님께 한 달 생활비로 육십만 원을 받는다. 월세가 삼십만 원이고 식비가 이십만 원이다. 생활비 중에서 월세가 가장 많다.

- 문말 어미로 '-다'를 사용할 때는 '저, 저희'는 '나, 우리'가 된다.

  When -다 is used as a sentence-ending suffix, 나/우리 should replace 저/저희.

  如果用 -다 作为句末词尾，저、저희 就要用成 나、우리。

- '-다'는 다음과 같이 활용한다.

현재

동사	받침 ○	-는다	먹다 → 먹는다
	받침 × ㄹ받침	-ㄴ다	공부하다 → 공부한다 놀다 → 논다
형용사	받침 ○	-다	많다 → 많다
	받침 × ㄹ받침		행복하다 → 행복하다 힘들다 → 힘들다
명사	받침 ○	이다	학생 → 학생이다
	받침 ×		의사 → 의사이다

 나는 회사에 다닌다. 한 달에 월급을 삼백만 원 받는다.

 정문 앞에는 사람들이 많다. 그래서 항상 복잡하다.

 오늘은 금요일이다.

- '-고 싶다'는 '-고 싶다'로 쓰고 '-고 싶어 하다'는 '-고 싶어 한다'로 쓴다.

  🖉 나는 대학교를 졸업한 후에도 한국에 살고 싶다. 다니엘도 한국에 살고 싶어 한다.

- '-지 않다'는 ' 동사 +지 않는다', ' 형용사 +지 않다'로 쓴다.

  🖉 그곳의 여름은 별로 덥지 않다. 그리고 비도 거의 오지 않는다.

과거

동사 형용사	ㅏ, ㅗ ○	-았다	가다 → 갔다
	ㅏ, ㅗ ×	-었다	줄다 → 줄었다
	하다	-였다	간단하다 → 간단했다
명사	받침 ○	이었다	학생 → 학생이었다
	받침 ×	였다	의사 → 의사였다

🖉 나는 약사였다. 일은 힘들지 않았지만 별로 즐겁지 않았다. 나는 새로운 생활을 시작하고 싶었다. 그래서 약국을 그만두었다.

예정이나 계획, 추측

동사 형용사	받침 ○	-을 것이다	먹다 → 먹을 것이다
	받침 × ㄹ받침	-ㄹ 것이다	중요하다 → 중요할 것이다 놀다 → 놀 것이다
명사	받침 ○	일 것이다	도둑이다 → 도둑일 것이다
	받침 ×		선배이다 → 선배일 것이다

🖉 나는 곧 대학생이 된다. 대학교의 공부는 지금보다 훨씬 어려울 것이다. 내가 잘하지 못할 수도 있다. 그렇지만 지금처럼 항상 즐겁게 지낼 것이다.

**고려대
한국어** **3B**

초판 발행 1쇄	2020년 9월 10일
지은이	고려대학교 한국어센터
펴낸곳	고려대학교출판문화원
	www.kupress.com
	kupress@korea.ac.kr
	02841 서울특별시 성북구 안암로 145
	Tel 02-3290-4230, 4232
	Fax 02-923-6311
유통	한글파크
	www.sisabooks.com/hangeul
	book_korean@sisadream.com
	03017 서울시 종로구 자하문로 300 시사빌딩
	Tel 1588-1582
	Fax 0502-989-9592
일러스트	정회린, 황주리
편집디자인	한글파크
찍은곳	(주)동화인쇄
ISBN	979-11-90205-00-9 (세트)
	979-11-90205-53-5 04710

값 17,000원

※ 잘못 만들어진 책은 바꿔 드립니다.